縄文アートを旅しよう！

Travelling Jomon Art

日本遺産 星降る中部高地の縄文世界

山梨県・長野県

求龍堂

JN060703

5000年前、麓で営まれた

縄文の人々のくらしを見守っていた山々。

今も変わらぬ姿で、縄文世界の証を抱いています。

目 次

JOMON山梨

コラム

JOMON長野

長野県内で紹介する施設一覧です。

学ぼうJOMON

「縄文人」からの、とてつもない問いかけ

「縄文人」と聞いて思い浮かぶのは？

「竪穴住居に住んで、ドングリやクリの実を採って食べたり、川で魚を捕ったり、山で猟をしていたんですよね？　それと土器をつくっていましたよね。ゴテゴテ不思議な形の……あれ、すごいですね、天才的芸術センス！　日本人って大昔が最もすごかったんですかね！？」

そんな声が聞こえてきそうです。今、日本中で、いや、世界中で縄文（Jomon）に目覚めた人が増えています。この本では、そんな人たちに縄文の魅力を最大限にお伝えしたいと思っています。

自然豊かな山梨県と長野県にまたがる中部高地は、はるか昔、日本最大級の縄文エリアと言っても過言ではないほどの多くの集落がありました。人々の命を繋いだのは山々から湧き出る豊かな水によってもたらされた自然の恵みでした。彼らの営みは1万3000年もの間続き、縄文時代の証として土のなかで長い眠りについていたのです。それが現代人のくらしの変化によって思わぬ形で発見されます。多くの人々の努力によって遺跡が発掘され、土器や土偶が出土してきました。山梨県と長野県の考古資料施設にはその多くが大切に保管されています。

この本には、両県の「縄文」を代表する土器が、それこそこれでもかというほど収録されています。後述の「縄文時代はどんな時代？」でもお話ししますが、土器には、それをつくった縄文人の祈りの心が表現されています。私たちは神秘性や美しさに魅せられますが、彼らは当時、そこに芸術性を示したかったわけではありません。しかし、結果として、縄文人は現代の私たちに、「自分たちの心情を解き明かせるか？」という、とてつもない問いかけを残しました。

本書をご覧いただき、その上で、現地に行ってホンモノを目の当たりにしたとき、皆さんはこの問いかけに対しどんな答えを見つけるでしょうか。心情を解き明かすのか、ただもうその芸術性に魅入られるのか、百人百様の答えが生まれることでしょう。

縄文アートの世界
へようこそ。

縄文時代はどんな時代？

長澤宏昌

皆さんは、縄文時代にどのようなイメージを抱いていますか？　毛皮をまとった毛むくじゃらの人が槍を持って動物を追いかける、そんな感じでしょうか。

山梨県の笛吹市にある釈迦堂遺跡博物館では子どもたちに縄文時代を絵に描いてもらっているのですが、実は冒頭のイメージを描く子どもたちが多いのです。園山俊二さんのマンガ『ギャートルズ』に似ていますが、これは縄文時代よりも前の旧石器時代のイメージで、子どもたちが目にしたマンガの影響力のすごさを改めて感じます。

さて、縄文時代とはどんな時代だったかを説明しましょう。

旧石器時代が終わったときからを縄文時代と定義すると、今から1万6000年前ごろから始まり、弥生時代の開始、つまり2700年前ごろまで続きました。およそ1万3000年間という長い期間が縄文時代ということになります。

縄文時代の特徴は「土器」です。つまり土器の出現をもって縄文時代の開始と考えられます。今、日本列島で発見されている最も古い土器が1万6000年前ごろなので、その出現期から縄文時代としています[1]。

ではなぜ、土器の存在が時代区分の指標になったのでしょうか？　旧石器時代の生活には煮るという手段がなく、土器という鍋が出現することによって初めて可能になった訳ですが、それによって、食料確保や加工など、それまでの生活が一変する変革が起こったからなのです。例えば貝を食べようとしても、生食ならともかく、小さな貝はたき火に投げ込んでも取り出せず食料にはなり得ません。土器で煮ることによって多量の貝が食料化され、かつ、そのスープまでが食料となりました。その結果、列島各地に多くの貝塚が残されることになりました。また、縄文時代に主食となる堅果類（果実が堅い殻に包まれたもの）のうちドングリ類の多くやトチは煮沸や水さらしなどを経て初めて食料となるものです。ここでも煮るという行為が重要なポイントになります。ドングリ類やトチを主食にしたということだけでも、それに必要不可欠な土器の存在意義は十分理解されると思いますが、それらを食料化できた意義は単に主食になったというだけではありません。ドングリ類やトチは乾燥すれば長期保存が可能なため、長い期間の「定住」にも大きく関わっています。このように、土器が縄文時代の生活に極めて大きな影響を与えていたことはおわかりいただけたでしょうか。

つぎに、衣食住について概観してみましょう。

まず、衣ですが、冒頭述べたようなシカやイノシシの毛皮を使用していたことは十分考えられますが、実は縄文人は布を用いて衣服をつくっていました。植物繊維によりを掛けて糸とし、1本のタテ糸に対し2本のヨコ糸をねじりながら絡ませる「モジリ編み」という方法で編んだ編布を骨でつくった針を用いて縫って衣服としていたと考えられます。ちなみに土偶には、当時の衣服やヘアスタイル、耳飾りや刺青などが表現されており、生活の実態を知ることができます。

（1）大平山元遺跡出土の土器片。紀元前13000年ごろのもの。
出典：JOMON ARCHIVES（外ヶ浜町教育委員会所蔵、田中義道撮影）

食については、狩猟・漁労・採集が大きな柱となります。それに栽培、飼養が加わり縄文の食を支えることになります。狩猟は、旧石器時代のナウマンゾウやオオツノジカといった大型哺乳動物に変わってシカやイノシシ、タヌキなどの中小型哺乳動物が対象になります。当然大型のナウマンゾウと中小型で動きの早いシカやイノシシでは狩猟道具にも違いがあり、縄文時代には飛び道具である弓矢が登場することになります。また、動物の動きを知ることによって、落とし穴や猟犬を使った追い込みなども行っていました。とりわけ猟犬は狩猟のパートナーとして大事な存在であり、人と同様の埋葬や人と犬の合葬さえ確認されています。また、骨折した犬が治癒されて老犬になるまで生存していた例などもあり、その重要度が理解されます。哺乳類以外にも、鳥類やは虫類、両生類など対象は多岐にわたっています。

漁労は、海に囲まれた日本列島では広く全国各地で行われていました。丸木舟が各地で出土しており、縄文人が積極的に船で海に出ていたことがうかがわれます。網、釣り、刺突などの方法で、外洋ではマグロやカツオなど、内湾ではタイやスズキ、アジなどさまざまな魚類、海獣類、および貝類が対象となっていました。

一方、内陸部でも漁労は行われています。海から川を遡上するサケは各地で捕獲されていたようで、その痕跡が確認されています。また、鮠という魚を誘導する仕掛けも確認されており、漁労は、各地で行われていました。山梨県花鳥山遺跡では鯉科のエラの骨の一部が見つかっており、湖沼での漁労が想定されます。広島県帝釈峡の馬渡岩陰遺跡では、カワシンジュガイの貝層が確認されており、山中でも大量の貝が採集され、食料化されていたことがうかがわれます。

さて、採集ですが、それによって得られた堅果類こそ、縄文人の食の中心でした。もちろん堅果類だけでなく、現在私たちが好んで食べるさまざまな山の幸を食していましたが、トチの食料化が行われていたことから、アク抜き技術は確立されており、さまざまな植物からデンプンを取りだし加工していたことは明らかです。各地の遺跡から出土しているパン状炭化物、クッキー状炭化物と呼ばれるものこそ、このデンプンの加工食品であったと考えられています。

栽培については、現在はダイズ、アズキ、エゴマなどの栽培植物が確認されていることで、縄文人が栽培し利用していたことが確実視されています。

これまで、遺跡から出土する炭化物や低湿地遺跡から出土する未炭化資料の検出に傾注してきましたが、この方法ではその帰属時期が問われるケースが多いことも事実です。それに対し、近年では、土器の表面に見られる凹みに樹脂を入れてそれを観察するレプリカ法によってダイズやアズキさらにエゴマが「土器のなか」から探し出されています。この方法で検出された資料には、時期的な疑問がないため、帰属時期の確実な資料として評価されます。

山梨県北杜市酒呑場遺跡の中期中葉の蛇体装飾付土器の蛇体頭部が偶然破損し、欠損部分に空洞が確認されました。その空洞をレプリカ法で調査したところ、長さ12mmのダイズであることがわかりました[2]。まさに縄文ダイズの

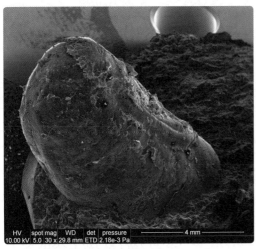

（2）土器のなかから発見された縄文時代のダイズの跡
　　（資料提供：山梨県立博物館）

発見でした。なお、破損部分が蛇体頭部であるため、このダイズはヘビの目を意識して埋め混んだ可能性もあることから、対になる目の存在を推測して頭部をレントゲン撮影したところ、予想通り、頭部にはもう一点の同様な空洞が存在することが判明しています。

八ヶ岳山麓の縄文文化の発展は単なる狩猟採集だけではなく、土器に表現される精神性や組成、さらには石器の機能なども考慮し、それに焼き畑が加わった文化であるという縄文中期農耕論が考古学者の藤森栄一によって提唱され、現在も精力的に調査研究が行われています。それにより、ダイズをはじめとする栽培植物が検出されました。しかし、言うまでもなく一部の植物の栽培が確認されたからといって、農耕が証明されたことにはなりません。生業全体のなかでの栽培が占める割合が主体的であることが証明されてこそ農耕が考えられることになるわけで、その論証は容易ではありません。

飼養については、イノシシと犬が知られています。もともとイノシシが自然分布していなかった北海道や伊豆諸島からイノシシの骨が確認されていますが、これは縄文人が意図的に丸木舟で運んだからに他なりません。つまり縄文人は自分の管理下にウリボウをおいていたわけです。もちろん親イノシシは狩猟し食料としたわけですが、残されたウリボウを捕獲し、居住地に住まわせていたと考えられます。飼育の目的はより大きく育て食料とすることだったかもしれませんが、山梨県北杜市金生遺跡ではイノシシの下顎骨を埋納した例があり、何らかの動物儀礼のためであった可能性も考えられます。

住は、縄文時代では竪穴住居が一般的です[3]。直径5m程度の円形に、地面を数10cmから1m程度掘って床とし、内部に数本の柱を立てて屋根を葺いたものです。床の中央部には炉を設けます。炉は床をやや掘りくぼめてそこで火を焚く地床炉と数枚の石で囲った石囲炉、さらには土器を埋めて炉とした埋甕炉、土器と石を併用

(3) 長野県諏訪郡富士見町の井戸尻遺跡にある茅葺きの竪穴住居

(4) 山梨県北杜市の梅之木遺跡にある土をかぶせた竪穴住居

した複式炉などバラエティーに富んでいます。半地下式とも呼ぶべき住居ですが、夏は涼しく冬は暖かいという利点があります。炉の上には棚が設置され、トチやドングリ類などが保存されていました。屋根は茅葺きのイメージが強いですが、各地で住居の内部に火災で崩れ落ちた屋根と見られる例が調査され、そのなかには焼けた土が堆積している例もあることから、茅だけでなくその上に土をかぶせていたことも想定されます[4]。なお、東北地方や北陸地方などの豪雪地帯にはこの数倍の面積の長楕円形や長方形竪穴住居が存在し、冬場の共同住居や集会施設などいくつかの説があります。

このように衣食住をとおして生活の実態を概観しましたが、その経済基盤が自然の影響を受けやすいため、縄文人の生活に欠かせなかったのが祈りの世界です。本書で取り上げた多くの土器はまさにその祈りの世界を示すものであり、土器から読み取る祈りの世界を概観しましょう。

（5）北杜市の津金御所前遺跡の顔面
把手付深鉢の口縁部

（6）北杜市の甲ッ原遺跡出土
の深鉢形土器の把手

この地域の土器には世界中のどこにも見られないほどの複雑かつ豪華な中空立体把手装飾が施されるものがあります。なかには、把手が土器の高さの2/3におよぶものさえあります。このような巨大な把手は明らかに実用的なものではない上、製作すること自体も非常に難しいのです。そして、これら巨大な把手の土器は煮炊きをした後、把手をもぎ取り埋納している例が散見されますので、少なくとも一度は実際に使用されています。

もう一点、この地域の土器の特徴として、女神の顔（人面）(5, 83頁)やイノシシやヘビなどの動物(6, 51頁)、あるいは出産の瞬間であったりと、他の地域には見られない「命」を示す具象文が表現されることが挙げられます。土器は、命の糧である食べ物を生み出す器であり、山梨・長野の縄文人はその土器に命を表現しました。動物装飾は現実に生命力の強い動物が具象化されているのであり、その強さを命の器に受け継ぐことを意図したものと考えられますが、人面装飾がついた土器はそれ自体が神格化されたものと考

えられます。

山梨や長野の縄文人は、なぜ、このような土器群をつくったのでしょうか？　これらの土器群の用途について、例えば人面装飾の土器の底部が抜かれていることや巨大な立体装飾把手の土器には煮沸の痕跡が明瞭に確認されることなどから、「この土器のなかで煮炊きされた食べ物は祭りの時の食べ物であり、神人共食の行事の後に意識的に打ち欠かれたものと理解される」との説があります。この種の土器の最高峰と言える北杜市須玉町津金御所前遺跡の例は、底から10cmの部分がそっくりなくなっていました(7, 83頁)。また、北杜市高根町海道前C遺跡資料は、3個体の土器が石棒とともに土坑内から出土しましたが、他の2個体の土器が部分的欠損はあるものの底部は完全であるのに対し、人面装飾付土器だけは、人面部〜胴上半部がまったく欠損していないにもかかわらず胴下半部は見事になくなっていました(8, 50頁)。これらの例からも意図的な打ち欠きは十分考えられます。

日本神話に登場するオオゲツヒメやウケモチと同様、人面装飾や土偶装飾の土器は、その体のなかからあらゆる食物を生み出すことになり、人々は女神を崇拝し、感謝しながら賜物を享受していたと考えられます。

農業を主産業とする耕作民に伝わる神話と縄文社会という、時間や環境の違いを考える必要はあるものの、これらの一群の土器の属性とこれらの神話との共通性は的を射た指摘と言えるでしょう。

日本列島、いや世界各地の他のいかなるところからも出土することのないこの具体的造形を有する土器群は、「命を生み出す女神の体」として縄文人に意識されていたことがうかがわれるのです。

（ながさわ・こうしょう　前縄文王国山梨実行委員会　会長）

（7）出土時は底がなかったが復元。　　（8）白い部分は欠損していた。

何に見える？
これはまるで…

笑ってケロ？

P.58で紹介

P.178で紹介

これがあの有名な
○○ノコ…？

すごい!!

おもしろーい

いわゆる
〇〇〇顔？

P.39で紹介

P.145で紹介

勇ましいお姿。

誰

P.74で紹介

いよいよ山梨県・長野県の
土器・土偶アートの旅の始まりです。

　これから山梨県と長野県で発掘された土器・土偶の名品103点の魅力を味わっていただくために、「JOMON山梨」「JOMON長野」の2章で、1点ずつ土器・土偶の注目ポイントや美的部分をたくさんご紹介します。

　各所蔵先の学芸員や教育委員会のご担当、縄文のエキスパートの皆さんによる愛情たっぷりな施設紹介や解説付きで、理解や想像を深めていただけます。土器・土偶の紹介の合間にはちょっと休憩でコラムをはさんでいますので、読んでみてください。さらに視野が広がりますよ。

　巻末の「学ぼうJOMON」では、縄文人のくらしにまつわるさまざまなことが読んで見て学べます。

　縄文アートの旅のお伴は、縄文博士と学くんと知子ちゃん。博士と一緒にいろんなことを知って、縄文ビギナーの二人が驚き楽しみながら学んでいきます。

　では、目と心を凝らしていってらっしゃい！

縄文博士
じょうもん はかせ

学くん
まなぶ

知子ちゃん
ともこ

縄文ムラの様子を想像してみよう！

　縄文の人々のムラはどんな様子だったのでしょう？

　発掘により姿を現した住居跡や多くの出土品などから、今ではおおよそのくらしぶりがわかっています。集落には住まいとされる地面に穴を掘ってつくった竪穴住居が立ち並び、人々は周囲の自然の恵みを得て、鍋としての土器をつくり、それを火にかけて食材を調理して食べました。

　全てのものを手づくりし、みなで助け合いながらのくらしは極めてシンプルなものであったでしょう。それでも縄文土器や土偶の独創性からも感じられるように、創意工夫に溢れた豊かなものであったに違いありません。

　イラストを見ながら、集落の人々の様子を想像してみてください。土器づくりのアイデアを交換していたのでしょうか、ご馳走を捕ってきたムラの人をどんな風に迎えたのでしょう？　想像は尽きませんが、それは誰も見たことのない光景！　ぜひ自由に思い描いてみてください。

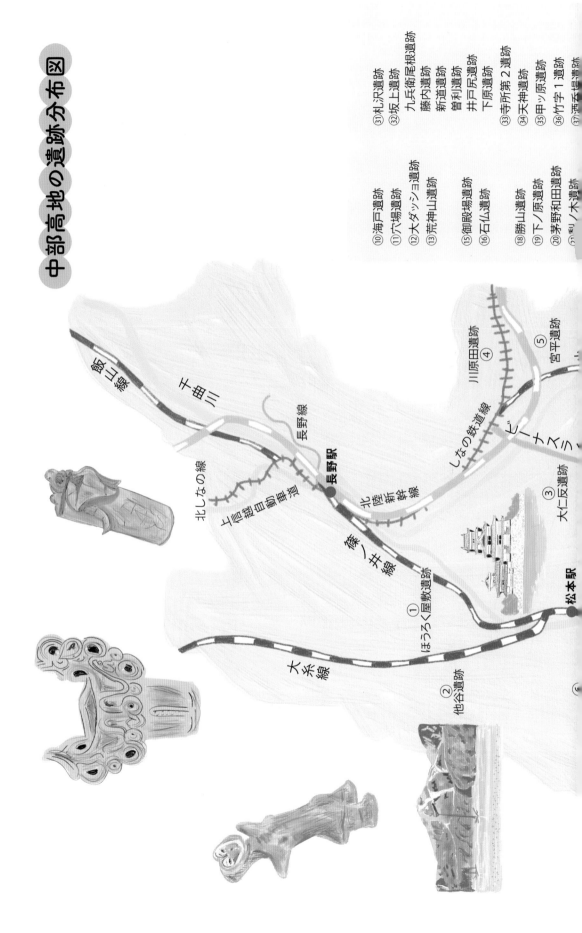

中部高地の遺跡分布図

⑩海戸遺跡
⑪穴場遺跡
⑫大ダッショ遺跡
⑬荒神山遺跡
⑮御殿場遺跡
⑯石仏遺跡
⑱勝山遺跡
⑲下ノ原遺跡
⑳茅野和田遺跡
㉑利ノ木遺跡

㉛札沢遺跡
㉜坂上遺跡
　九兵衛尾根遺跡
　藤内遺跡
　新道遺跡
　曽利遺跡
　井戸尻遺跡
　下原遺跡
㉝寺所第2遺跡
㉞天神遺跡
㉟甲ッ原遺跡
㊱竹字1遺跡
㊲西念場遺跡

飯山線
千曲川
長野線
長野駅
北しなの線
上信越自動車道
北陸新幹線
篠ノ井線
しなの鉄道線
川原田遺跡 ④
宮平遺跡 ⑤
大仁反遺跡 ③
松本駅
ほうろく屋敷遺跡 ①
他谷遺跡 ②
大糸線
ビーナスライン

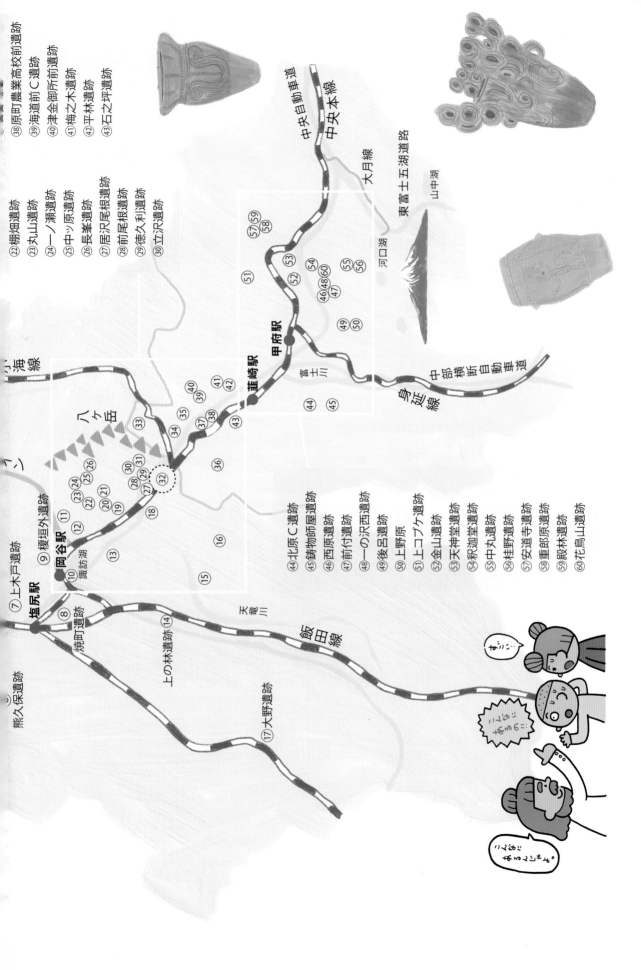

㊳原町農業高校前遺跡
㊴海道前C遺跡
㊵津金御所前遺跡
㊶梅之木遺跡
㊷平林遺跡
㊸石之坪遺跡

㉒棚畑遺跡
㉓丸山遺跡
㉔一ノ瀬遺跡
㉕中ッ原遺跡
㉖長峯遺跡
㉗居沢尾根遺跡
㉘前尾根遺跡
㉙徳久利遺跡
㉚立沢遺跡

㊹北原C遺跡
㊺鋳物師屋遺跡
㊻西原遺跡
㊼前付遺跡
㊽一の沢西遺跡
㊾後呂遺跡
㊿上野原
51上コブケ遺跡
52金山遺跡
53天神堂遺跡
54釈迦堂遺跡
55中丸遺跡
56桂野遺跡
57安道寺遺跡
58重郎原遺跡
59殿林遺跡
60花鳥山遺跡

中央自動車道
中央本線
大月線
東富士五湖道路
山中湖
河口湖
甲府駅
韮崎駅
富士川
身延線
中部横断自動車道
八ヶ岳
⑦上木戸遺跡
⑨榎垣外遺跡
塩尻駅
⑧焼町遺跡
⑭上の林遺跡
⑰大野遺跡
岡谷駅
諏訪湖
天竜川
飯田線
熊久保遺跡

縄文の里、中部高地（山梨県・長野県）はココ！

中部高地エリア

JOMON 山梨

山梨県内で紹介する施設一覧です。

⑤ 北杜市考古資料館

北杜市

丹波山村

山梨市

小菅村

JR

高速道路

⑦ 韮崎市民俗資料館

韮崎市

甲斐市

甲府市

甲州市

③ 春日居郷土館・小川正子記念館

大月市

上野原市

⑥ 南アルプス市ふるさと文化伝承館

④ 山梨県立博物館

② 釈迦堂遺跡博物館

南アルプス市

昭和町

笛吹市

中央市

① 山梨県立考古博物館

西桂町

都留市

富士川町

市川三郷町

道志村

富士河口湖町

早川町

身延町

鳴沢村

忍野村

富士吉田市

山中湖村

南部町

❶ 山梨県立考古博物館
Yamanashi Prefectural Archaeological Museum

3万年の考古資料が待っている

　山梨県立考古博物館は、山梨県内から出土した「考古資料」を専門とする博物館です。旧石器時代から明治時代ごろまでの、約3万年の考古資料を展示しています。国指定史跡である甲斐銚子塚古墳（古墳時代前期）をはじめ、上の平方形周溝墓群（弥生時代）や丸山塚古墳（古墳時代中期）などが散在する甲斐風土記の丘・曽根丘陵公園の中心施設として、また考古資料から山梨県の歴史を学ぶ施設として1982（昭和57）年に開館しました。

　展示の中心となるのは、縄文時代の資料で、国指定重要文化財860点をはじめとした豊富なコレクションが見どころです。ヒトやイノシシ、ヘビなどが織りなす物語を背景につくられた縄文土器や土偶などは、縄文時代を代表する資料として知られているものが多くあります。

〒400-1508
山梨県甲府市下曽根町923
TEL:055-266-3881　FAX:055-266-3882
https://www.pref.yamanashi.jp/kouko-hak/

開館時間:午前9時〜午後5時（入館は午後4時半まで）
休館日:月曜日（月曜が祝日の場合はその翌平日）・12月29日〜1月1日・1月の第2火曜日（この日が1月8日の場合は第3火曜日）〜翌週月曜日まで

一般・大学生:一般220円、団体170円
※団体料金は20名以上。

鉄道／JR中央本線 甲府駅下車、南口より山梨交通観光バス 中道橋経由豊富行き「県立考古博物館」下車。タクシーの場合、約20分。
自動車／中央自動車道 甲府南ICより約1分。

東日本最大級を誇る甲斐銚子塚古墳は、墳丘長169mの大型前方後円墳です。出土品からは、倭王権が東へ進出する過程はもちろん、倭王権と連合しながら、東日本に力を持った有力者が被葬者として考えられます。

博物館が所在する風土記の丘・曽根丘陵公園には150基以上の墳墓が存在するだけでなく、遊具・野外ステージ・テニスコートなどが整備されています。

博物館から北東へ3kmほどの白井河原橋には、国指定重要文化財一の沢遺跡から出土した土器をモデルとしたオブジェが配置されています。

博物館の近辺のマンホールも注目ポイントです。甲府市右左口町の上野原遺跡から出土した水煙文土器がモチーフとしてあしらわれています。

博物館の常設展示風景です。特別展など開催時にはレイアウトが変わる場合がありますのでご注意ください。

竪穴住居を復元して展示しています。縄文時代の人々がどのようなくらしをしていたのか想像してみてはいかがでしょうか。

博物館が所在する風土記の丘・曽根丘陵公園内の古墳や遺跡などの出土品を中心に古墳時代の展示も充実しています。

1 深鉢形土器
ふかばちがたどき

笛吹市　一の沢遺跡
ふえふきし　いち　さわいせき

縄文時代中期　器高39.5cm　口径20.5cm　重要文化財

垂れ下がった文様がポイント

把手部分は、ヘビを表しているのでしょうか。胴部には懸垂
文（垂れ下がった文様）と円文（円形の文様）が描かれて装飾
されています。抽象的な表現で何を表しているのかはわかり
ませんが、民俗事例から天体などを表現した可能性がありま
す。この土器も何かを表そうとしているのかもしれません。

玉抱き三叉文（三角形の
たまだ　きさんさもん
空間に円や渦巻きを抱く
文様）も。

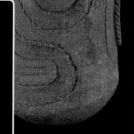

円文が表されています。

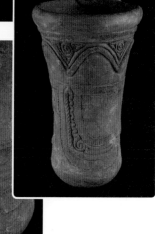

懸垂文と呼ばれる垂れ下がった文様です。

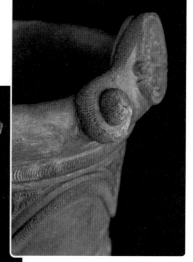

ヘビのような渦巻きが表されています。

 このロゴが付いている出土品は、「日本遺産 星降る
中部高地の縄文世界」のストーリー構成文化財です。

天体を表したような…

2 人体文土器
（じんたいもんどき）

笛吹市 一の沢遺跡
（ふえふきし　いちのさわいせき）

縄文時代中期　器高44.5cm　口径24.3cm　重要文化財

踊る人たち

パネル文の上に棒人間状のモチーフで4名の人物が描かれた土器です。頭が円形の人と、三角形で表される人のパターンがあり、男女を表しているという考えもあります。4名の人はそれぞれポーズをとっており、あたかも同一人物が踊っているかのように見えるため、踊る人の土器などとも呼ばれます。

土器の縁に付けられた双環装飾などと呼ばれるモチーフです。目を強調したようなデザインであるため、人の顔を表したものかもしれません。

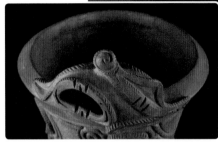

三角形頭の人です。棒人間状の表現で両手を挙げていることがわかります。

三角形の頭をした人です。両手を腰にやって、足もポーズをとっています。

丸い頭をした人です。お腹が出ており、手を挙げているのでしょうか。下半身の表現が気になります。

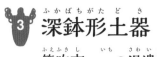

3 深鉢形土器

笛吹市 一の沢遺跡

縄文時代中期　器高48.8㎝　口径30.5㎝　重要文化財

不可解な動物の姿

土器の表面は縄文を施した後に、すり消して文様を構成しています。顔を持つ動物らしき表現があり、何かを表現しようとしているようです。また、縄文のすり消し部分に円形なども描かれ天体などを表現したという見方もあります。そのため、何かの情景が表されたものと考えられ、縄文人の想像力の高さが偲ばれます。

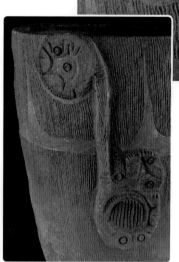

顔を持つ何かの動物。何に見えますか?

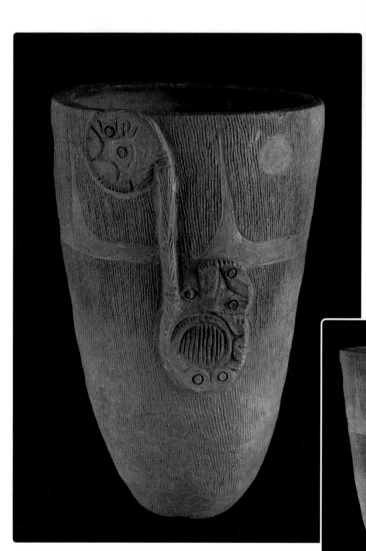

円形の縄文すり消し部分。
太陽や月といった天体を表現したものかもしれません。

4 有孔鍔付土器

笛吹市　一の沢遺跡

縄文時代中期　器高33.0㎝　口径15.0㎝　重要文化財

イノシシの鼻がぐるりと囲む

有孔鍔付土器と呼ばれる種類の土器で、口縁部のすぐ下に鍔が出ており、その上に孔（あな）が開いています。胴体も盛り上がり部分にはイノシシを模した造形が付けられています。わざわざそこにイノシシが付けられる理由は、この土器を用いて行う儀礼のなかで再現される物語があるのかもしれません。土器の器形の前長関係から酒造用に用いられたとの説があります。

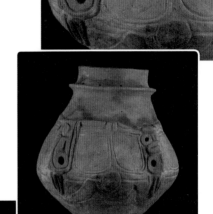

イノシシの表現は女性の象徴でもあることから、出産や豊穣に伴う儀式などで用いられた可能性が考えられます。

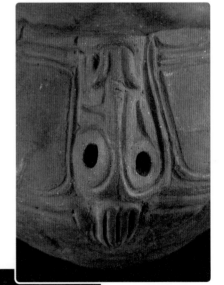

イノシシとみられる装飾部分です。これだけだとイノシシと判断できないのですが、他の写実的なイノシシ描写との比較で、イノシシと判断できます。

5 深鉢形土器

北杜市　甲ッ原遺跡

縄文時代中期　残存高68.0㎝

優美な文様は人体文？

口縁部は残っていませんが、胴体については良く残されています。両手両足を広げたクモのような動物的な存在が描かれていますが、人体文ではないかと思われます。人体文は合計4体が描かれており、ほとんど同じポーズをとっています。このバンザイをする表現は山梨県では多く見られ、お祝いなどうれしい時に用いられた土器の可能性があります。

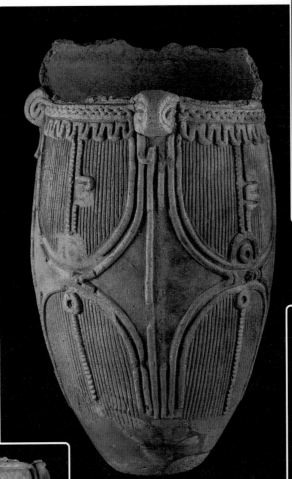

頭部と胴部には円が表現されています。

6 水煙文土器

<ruby>北杜市<rt>ほくとし</rt></ruby>　<ruby>甲ッ原遺跡<rt>かぶつっぱらいせき</rt></ruby>

縄文時代中期　器高34.0㎝　口径16.0㎝

二単位の水煙把手

水煙把手と呼ばれる特徴的な造形が二つ。とても装飾的な土器の一つです。水煙把手は渦巻ドーム型と呼ばれるタイプで、抽象的な形でシンボルを描いたものと思われます。チョッと控えめなモチーフです。

山の民の特徴、二単位の水煙把手

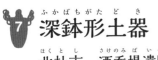

7 深鉢形土器

ふかばちがたどき

北杜市 酒呑場遺跡

ほくとし　さけのみばいせき

縄文時代中期　器高37.0cm　口径28.0cm　重要文化財

均整のとれた装飾美

この時期の土器に特徴的な楕円形の区画と三角形の区画が胴部に施されています。区画のなかにもさまざまなモチーフが入って土器を彩っています。また、口縁部周辺にも、さまざまな装飾が施され、にぎやかな感じを演出しています。

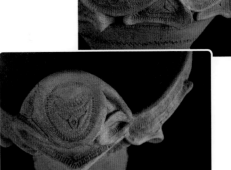

「玉抱き三叉文（丸とみつまたがセットになっている装飾）」と呼ばれる象徴的な文様が、あたかも顔のように施されています。

どのような物語を語ろうとしているのか、複雑な文様を現代人が理解するのは難しいですね。

内側には顔面装飾はありません。

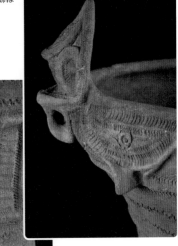

鉢形土器
はちがたどき

北杜市 酒呑場遺跡
ほくとし さけのみばいせき

縄文時代中期 器高16.4cm 口径17.0cm 重要文化財

星形の珍しい土器

波状の口縁部が星形で表現される、この時期では非常に珍し
い土器です。驚くべき点は底部まで五角形で表されているこ
と。普通の土器と異なる土器がつくられる背景には何があっ
たのか想像するのが楽しい土器です。作製者の感性が光る特
殊な器形です。

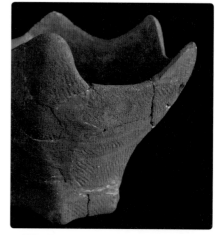

口縁部は円形のすり消し。同時期の特徴をよく表して
います。

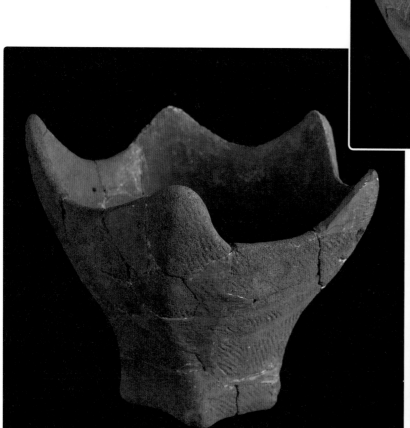

底部まで五角形です。何か特殊な土器なのかも。

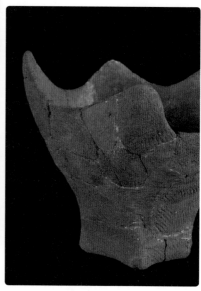

すり消し縄文でシンプルな感じ。

深鉢形土器
ふかばちがたどき

北杜市　酒呑場遺跡
ほくとし　さけのみばいせき

縄文時代中期　器高26.6cm　口径19.2cm　重要文化財

乾杯用の土器？

今で言うビールジョッキのような形をした土器です。把手部
分には、ヘビのような抽象的な表現が見えます。シンプルで
すが、縄文時代の精神文化を伝えてくれる貴重な土器です。
ヘビは男性にまつわる神と考えられることから、男子の誕生
やリーダー的存在の象徴かもしれません。

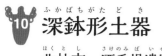

10 深鉢形土器

北杜市 酒呑場遺跡

縄文時代中期　器高46.6cm　口径29.0cm　重要文化財

ヘビに守られた美しい土器

胴部から口縁部にかけてヘビのようなモチーフが表された装飾性豊かな土器です。同様の土器が他からも出土していることから、この形を使って表すべき何かが社会にあったのかもしれません。土器は非常に厚みを持つもので、重厚感のある丁寧なつくりとなっています。器形も特殊です。

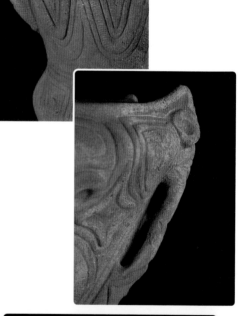

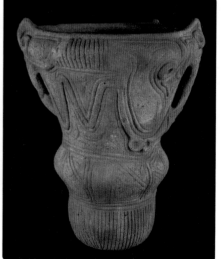

胴部から口縁部にかけて斜め上に伸びるヘビのような造形。
この土器にも背後に物語があるのかもしれません。

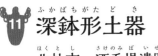

11 深鉢形土器
ふかばちがたどき

北杜市　酒呑場遺跡
ほくとし　さけのみばいせき

縄文時代中期　器高25.2㎝　口径14.6㎝　重要文化財

盛り上がる波のよう

波のようにそそり立つ口の部分まで丁寧に文様が施されています。胴部には特徴的な円形のコブのような盛り上がり。何を表現しようとしていたのかは直ちにわかりませんが、彼らの造形美を物語る資料の一つです。同様のモチーフのものは複数県内から確認されています。

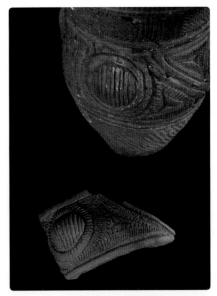

くっついていない破片がもう一つあります。

2人の人が向かい合わせに手を合わせたような表現です。

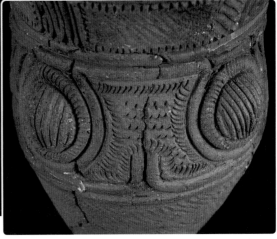

特徴的な円形のコブ。何を表しているのでしょうか。

12 深鉢形土器
ふかばちがたどき

北杜市　酒呑場遺跡
ほくとし　さけのみばいせき

縄文時代中期　器高37.2cm　口径22.0cm　重要文化財

さまざまな文様がぐるり

底から土器の口まで、さまざまな文様が所せましと施されて
います。よく見ていくと四つの縦区画により、文様の情景が
がらっと変わることから、それぞれ別の内容を描いていたの
かもしれません。長野県の井戸尻遺跡でも類似した土器が見
られます。お互い影響し合った可能性があります。

今度は斜め方向に何かが描かれているので
しょうか。

真ん中に走る縦の盛り上がった部分で文様が区画されているようです。

区画のなかの様子。何が描かれてい
るかは、直ちに判然としません。

別の区画の様子。また違った趣です。

13 台付鉢形土器

だいつきはちがたどき

北杜市　酒呑場遺跡

ほくとし　さけのみばいせき

縄文時代中期　器高23.9㎝　口径15.0㎝　重要文化財

アヒル顔をした台付土器

深鉢形土器が縄文時代の土器の一般的な「形」ですが、縄文時代前期ごろから、浅鉢形土器や、台付鉢形土器などの盛り付けに用いられるとみられる土器がつくられるようになります。こうした土器にも手の込んだ文様が施され、彼らの世界を彩ったものとみられます。

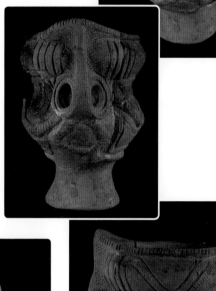

アヒル口みたいな感じ。くしゃじいのような表現は顔のよう？

14 人面装飾付土器
じんめんそうしょくつきどき

北杜市　原町農業高校前遺跡
ほくとし　はらまちのうぎょうこうこうまえいせき

縄文時代中期　器高37.8cm　口径15.2cm

のっぺらぼうの女神

のっぺらぼうの女神様が描かれた人面装飾付土器です。胴体にはイノシシとヘビが描かれており、土器に描かれた「顔」とイノシシやヘビにまつわる物語が描かれていたものと思われます。女神と男神が対になって表現されていることから誕生にまつわる儀式で用いられた可能性が考えられます。

頭が三角形のヘビがトグロを巻いています。

胴部はイノシシ形の表現です。

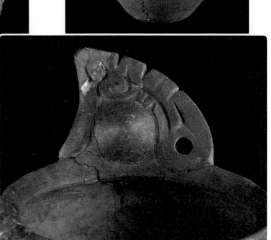

本来、顔が描かれる部分には、顔が描かれていないものの、描くべき盛り上がりがあります。

15 顔面装飾付深鉢形土器
<ruby>顔<rt>がん</rt></ruby><ruby>面<rt>めん</rt></ruby><ruby>装<rt>そう</rt></ruby><ruby>飾<rt>しょく</rt></ruby><ruby>付<rt>つき</rt></ruby><ruby>深<rt>ふか</rt></ruby><ruby>鉢<rt>ばち</rt></ruby><ruby>形<rt>がた</rt></ruby><ruby>土<rt>ど</rt></ruby><ruby>器<rt>き</rt></ruby>

<ruby>山<rt>やま</rt></ruby><ruby>梨<rt>なし</rt></ruby><ruby>市<rt>し</rt></ruby>　<ruby>上<rt>かみ</rt></ruby>コブケ<ruby>遺<rt>い</rt></ruby><ruby>跡<rt>せき</rt></ruby>

縄文時代中期　残存高66.5cm　口径45.3cm

ワンポイント付き土器

粘土紐の貼り付けが美しい深鉢形土器です。U字のモチーフに顔とみられるものが抽象化して描かれており、この土器も何かの物語が背後にあるのかもしれません。ウサギのような顔に長い胴体、はたしてこの動物（?）の正体はいかに。底部が打ち欠かれた<ruby>埋甕<rt>うめがめ</rt></ruby>（遺体を埋葬のために収容する土器）として使われていました。

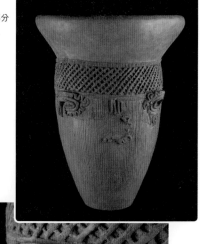

裏面の顔とみられる部分は剥ぎ取られています。

顔とみられる部分です。

ウサギのような顔立ちはとてもユニークです。珍しい表現です。

16 水煙文土器
すいえんもんどき

甲府市 上野原遺跡
こうふし　うえのはらいせき

縄文時代中期　器高46.2cm　口径26.4cm

水煙の極意は渦巻ドーム
モンブラン

モンブランケーキのような渦巻きを持つ把手が芸術的な水煙
文土器の逸品の一つです。甲府盆地で見られる水煙把手は4
単位のものが多く発見されています。山地部は2単位が多い
ため、自分たちのテリトリー（領域）を示していたのかもし
れません。

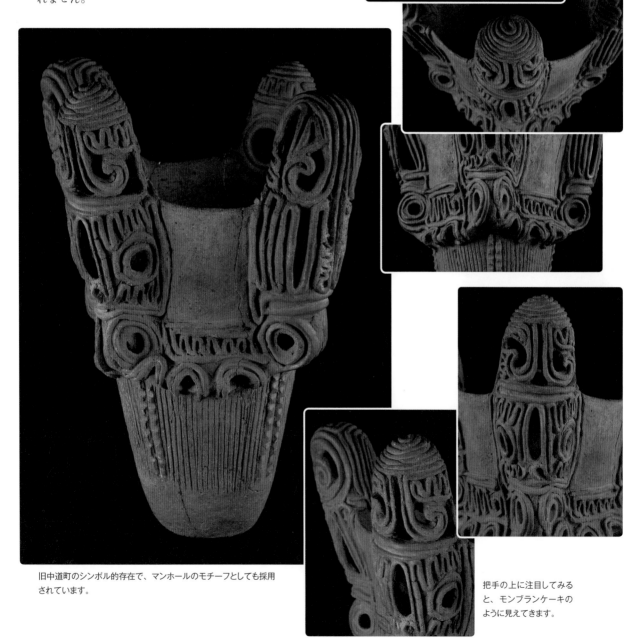

旧中道町のシンボル的存在で、マンホールのモチーフとしても採用
されています。

把手の上に注目してみる
と、モンブランケーキの
ように見えてきます。

17 人体文土器
じんたいもんどき

甲州市　重郎原遺跡
こうしゅうし　じゅうろうばらいせき

縄文時代中期　器高54.2cm　口径40.5cm

のびやかに踊る人

一の沢遺跡出土の人体文土器（28頁、山梨No.2）と同様の構
図を違った表現で表したと考えられるものです。土器の文様
が抽象化していく様子を観察することができます。大型の土
器で、土器の明部全体に展開された表現は縄文の舞を表して
いるように考えられます。雲母が多く含まれキラキラしてい
ます。

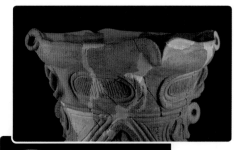

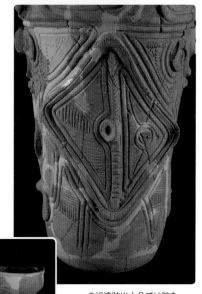

一の沢遺跡出土品では腕を
腰に当てた人だった部分は
菱形で描かれています。こ
のポーズに象徴性があった
のでしょうか？
体を軸に回転しているよう
な表現でしょうか。

一の沢遺跡出土品同様、棒人間状のモチーフがよりデフォルメされて描
かれています。両手を広げ走っているような表現です。

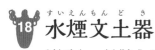

18 水煙文土器
すいえんもんどき

甲州市　安道寺遺跡
こうしゅうし　　あんどうじいせき

縄文時代中期　器高83.5cm　口径39.0cm　山梨県指定文化財

大型で繊細な水煙文

水煙文土器は、長野県・山梨県・東京都・神奈川県・静岡県など
から約200点が出土していますが、この土器は83cmと非常に
大型で、ほぼ完全な形が残り、かつ芸術的で非常に手の込ん
だつくりをした優品として知られています。同じ土坑（大き
く掘られた穴）からは、ほぼ同じサイズの水煙把手４点など
も出土しており、最終的に埋納される際に、何らかの儀礼が
あったことが確実視されます。

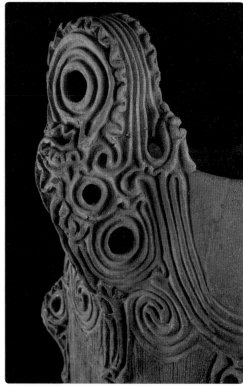

この重量を維持しながら土器を製作していった姿はプロの技
です。縄文土器職人おそるべし!!

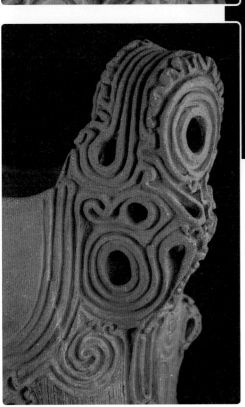

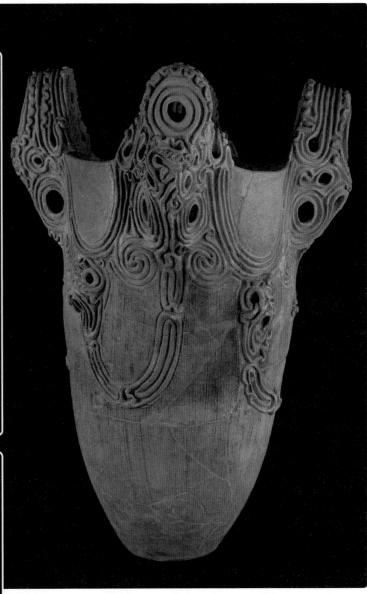

同じ土坑から出土した水煙把手から、把手部分は約2kg程度と推測されます。その把手が四つ付いているため、上部に重心が偏った土器とも言えます。それらが土器を押しつぶすことなく、しっかりと立ち上がり、四つの塔のようにそびえるさまは、土器づくり技術の高さや縄文人の美的センスを今に伝えているようで圧巻です。

19 有孔鍔付土器
甲州市　安道寺遺跡

縄文時代中期　器高21.7㎝　口径18.3㎝　山梨県指定文化財

トグロを巻くヘビ

有孔鍔付土器と呼ばれるタイプの土器で、胴体には頭が三角形のヘビがトグロを巻いています。酒造にまつわる土器ですが、ヘビと関係のある儀式に用いられたのかもしれません。

ヘビの裏面は何とも言えない表現ですが、何かを表しているのでしょうか。

ヘビがトグロを巻いている部分。台の飾り部分が破損しているのみでほぼ完形で出土。表面は丁寧に成形されており、とても美しいです。

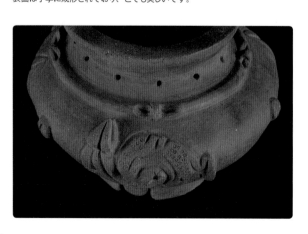

深鉢形土器

ふかばちがたどき

甲府市　殿林遺跡

こうふし　とのばやしいせき

縄文時代中期　器高73.8㎝　口径44.6㎝　重要文化財

ほとばしる臨在感

曲線美豊かな土器で、縄文時代を代表する土器の一つです。
高さ73cmの大型土器で、ほぼ完全な形で残っており、日常
で用いられた容器ではなく意図的に埋められた土器と考えら
れます。明部に羊を思わせるユーラシアチックな文様と、た
くさんのヘビたちに囲まれた存在感ある土器です。

大型の土器で荘厳な感じがあります。大陸の文様との類似性もあり、海外の人気が高い土器です。

土器の内面の調整も丁寧です。

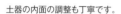

見事な貼り付け文。鋸歯文はヘビの表現。

羊のようなモチーフは曽利期(そり)の土器に見られますが、そのなかにヘビのモチーフが施される例は少なく、一説には、女性器と男性器の交わりを表現したとの考え方があり、子孫繁栄を表しているという見方もあります。

顔面装飾付釣手土器

こうしゅうし　あんどうじいせき
甲州市　安道寺遺跡

縄文時代中期　器高28.9cm

顔がないのは儀礼と関わりが？

顔面が付けられた釣手土器です。意図的に顔面部分や底部などが打ち欠かれています。他の人面装飾付土器などでも、顔面が打ち欠かれる場合はまま見られるため、土偶などと同様に、破壊を伴う何らかの儀礼があったものと考えられます。灯をともすためにつくられた土器で、一つの遺跡を調査してもなかなか発見できない特殊用途の土器です。

打ち欠かれた顔面部分は、半身が欠損しています。

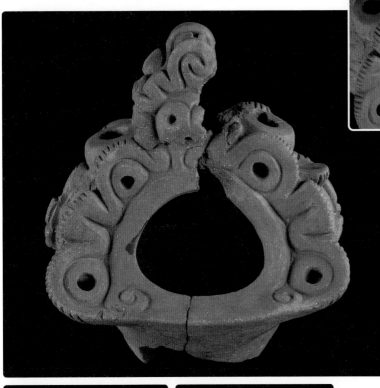

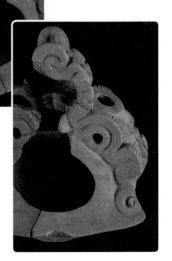

出産文土器・石棒

しゅっさんもんどき　せきぼう

北杜市　海道前C遺跡
はくとし　かいどうまえ　いせき

縄文時代中期　土器:器高39.2cm　口径24.2cm　石棒:残存高20.0cm　直径13.0cm
山梨県指定文化財

亡き人への祈り

把手の部分はお母さん、胴体の部分から赤ん坊が生まれてこようとしている状態を描いている土器とみられます。お墓と思われる土坑（大きく掘られた穴）から、男性器の象徴である石棒と深鉢がセットで出土しました。亡くなった人への祈りのなかで、再生を願う祭りなどが行われたのかもしれません。一説には、逆位で埋められた土器の底部を打ちぬくために石棒を用いたと考えられ、その行為からはお母さんのお腹にまた戻ってこの世に再生を願う姿が彷彿されます。

把手部分に表された顔は、粘土を丁寧に磨きこんでたいへんな美肌となっています。若々しい顔の表現が特色です。

底部が失われている。

土器と一緒に出土した石棒です。

23 深鉢形土器

ふかばちがたどき

北杜市　甲ッ原遺跡
ほくとし　かぶつっぱらいせき

縄文時代中期　器高49.6㎝　口径20.0㎝

イノシシ対ヘビ

ひときわ目立つ盛り上がった把手部分は、イノシシを模した
もので、写実的な表現を失い抽象的に表現されています。こ
の土器については、他の水煙文土器とは把手部分が異なりま
すが、口縁以下の文様構成に類似性があり、水煙文土器の一
種と考えられています。ヘビ神（男性）とイノシシ（女神）が
向かい合うその土器から産出されるものは食べ物です。産み
出す行為を抽象化した表現として考えられます。

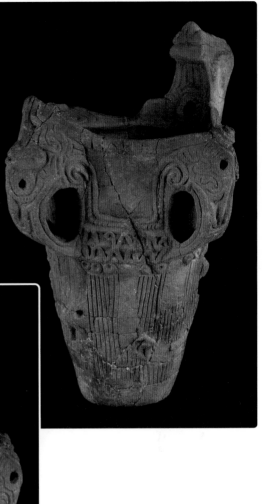

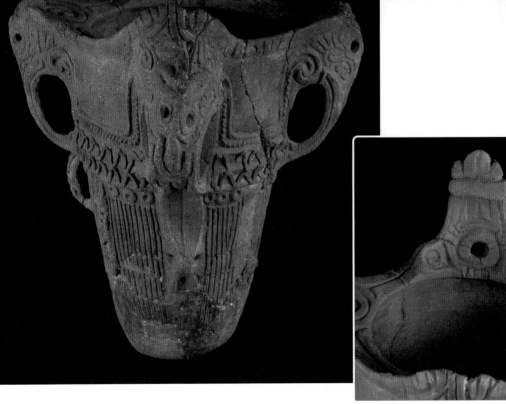

把手の部分はイノシシの特徴的な鼻の部分の表現です。

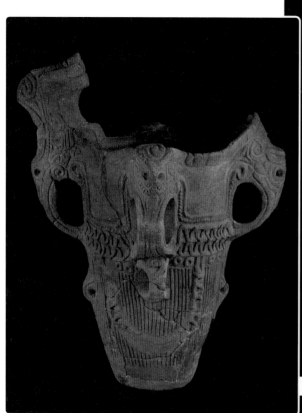

イノシシの横顔。

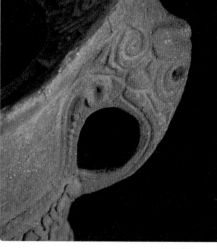

ヘビの横顔。

イノシシの後すがた。

深鉢形土器
ふかばちがたどき

北杜市　天神遺跡
ほくとし　てんじんいせき

縄文時代前期　器高29.2㎝　口径27.0㎝

縄文美のはじまり

底部から口縁部にかけて大きく開いていく様子や、波のように四つの起伏がゆるやかな様子など、非常に美しい形です。さらに、土器の表面には細い粘土紐を、細い竹を半分に割った工具で押し引いて、これでもかと装飾を加えてあります。表面を埋め尽くした装飾は中心から渦を巻くようにしたもので、何かの意味があるかもしれません。刺青のような表現が特色です。
いれずみ

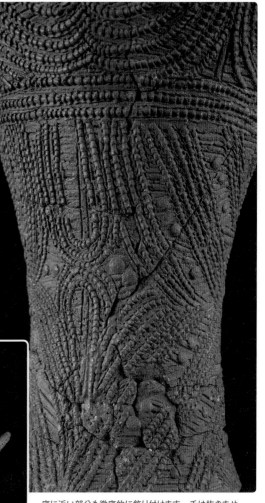

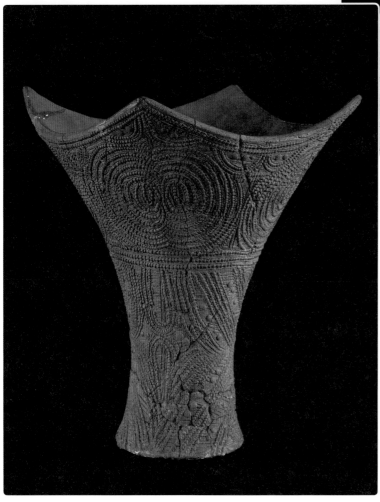

底に近い部分も徹底的に飾り付けます。手は抜きません。両手両足を広げた人体文の始まりです。ボタン状の貼付文の上には縄文人の指紋が残っています。

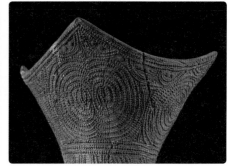

このタイプの土器に特徴的な同心円状の装飾。繰り返し用いられたのには、何か意味があったのかもしれません。民俗学的には永遠を意味する文様として使われる例があります。わずかな人生をもっと願う姿かもしれません。

X文も人体文の一種です。

25 台付深鉢形土器
だいつきふかばちがたどき

笛吹市　花鳥山遺跡
ふえふきし　はなどりやまいせき

縄文時代前期　残存高23.0㎝　口径27.0㎝

優美で格調高いフォルム

高台を欠損していますが、天神遺跡のもの（前頁、山梨No.24）同様、渦巻き状のモチーフなどが粘土紐などで表されています。本来はトロフィー形をしていましたが、台の部分が失われています。

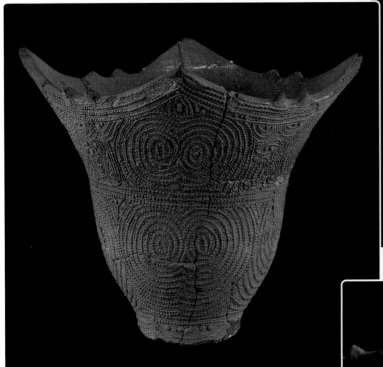

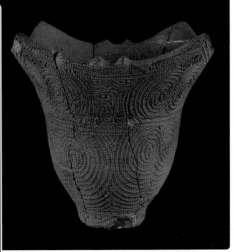

特徴的な波状口縁。
はじょうこうえん

この時期の土器に、同心円状のモチーフは数多く描かれます。

縄文美の特質

青柳正規

今から1万5000年ほど前に、日本列島では縄文文化と呼ばれる新石器時代の文化が萌芽しました。ユーラシア大陸を見渡すなら旧石器時代から新石器時代への移行は、精巧な打製石器や磨製石器の出現もしくは極めて原始的な農耕の出現が目安ですが、縄文文化の場合そのような目安はなく、あくまでも土器の出現によっています。しかも1万5000年ほど遡る時点での土器の出現は世界的に見てもかなり早いにもかかわらず、最初期（草創期）につくられた土器がその後1万年以上も続く縄文土器の基本的で一貫した造形要素をすでに備えているという特徴を有しています。この特徴こそ文化を考える際の重要な枠組みであり、文化の典型的な祖型と見なすことができます。そうであるがゆえに縄文文化は世界の文化史を構成するさまざまな基本的文化の一つに数えることができます。

基本的な造形要素の一つは、深鉢と称される器形です。土器を真横から見たときもっとも幅のある部分、つまり土器の最大径が深鉢上端の口縁部にある器形で、一般にこの口縁部の最大径よりも土器の高さ（器高）のほうが上回る円筒形をしています。底は膨らみのある丸底や下に向かってすぼまりながら突起に収斂する尖底が多いです。もちろん草創期の次の段階である早期以降、甕、壺、椀などさまざまな器形の土器がつくられるようになり、平底の深鉢も出現するようになります。

第二の要素は、繊維を撚った縄を文様を施す道具として土器の表面を装飾する方法です。この道具を器面に押しつけたり一定の力を加えながら連続的に回転させたりすることによって、縄目状の装飾をほどこされた土器が1万年もの長期にわたってつくり続けられたために縄文時代と呼びます。もちろん縄文以外にも粘土紐を貼り付けたり、逆に縄文を擦り消すようなさまざまな施文法が用いられましたが、いつの段階でも使用されたのが縄文だったのです。

第三の要素は土器の口縁部の形状です。早期から口縁部に起伏が見られるようになります。この起伏はいくつかの山形の突起によって生まれ、突起と突起のあいだは吊り尾根のような凹みを呈するため波状口縁と呼ばれます。この波状口縁はほぼ等間隔に緩やかな起伏を呈する場合もありますが、中期になると彫塑的な盛り上がりを示すだけでなく、火炎土器のように燃え盛る炎のような突起になる場合もあります。

縄文土器の基本的なこれら三つの要素が相互に絡み合いながら造形上の特質をもっとも効果的に、そして自由闊達に表現するようになるのが、山梨、長野、新潟など中部高地と称される地域における縄文中期の土器です。

土器の基本的な器形が深鉢であることに変わりはありませんが、煮炊きや貯蔵用の深鉢の器形以外にも、果実や木の実を盛るための浅鉢、貯蔵・運搬用の壺など用途に応じた器形がさまざまに確立していきます。土器の大きさも器高が50cmを超える大型土器や5cmにも満たない玩具のような小型土器まで大きな幅を持つようになります。このような中期特有の特徴は東北・北海道や関西以西に比べて特に中部高地において顕著でした。

中部高地における縄文中期の文化を土器中心に考えるなら、勝坂式土器に集約されていると言えます。関東西南部から八ヶ岳山麓周辺を中心とする地域で隆昌する勝坂式土器は、1万年にも及ぶ縄文土器のなかで、装飾モチーフや器形の豊かさ、個々の土器に見られる高揚した造形意欲の反映、多様な個性とも言える変化に富んだ造形性などによってその頂点に位置していました。

縄文中期の文化が1万年に及ぶ縄文時代のなかでも特筆すべき隆昌の時代であったことは勝坂式土器や均整のとれた躍動感をしめす曽利式土器、そして口縁に燃え上がる炎のような立ち上がりを見せる火炎土器などの多様性によって証明されています。しかし、先史文化としてはきわめて特異な、そして優れた造形表現を生み出した中部高地の縄文人がどれほど高度な生活文化をもっていたのか、とくに集落内の社会的仕組みと精神生活に関してはいまだに解明すべきところが多く残っています。中部高地から出土する土器が変化に富むということは、それぞれの集落において造形伝統ともいうべき文化が培われ継承されてきたことを意味しています。その一方で、多様な特徴をもちながら多くが同等の完成レベルとも言える水準に達していることは、独自性を維持しながら他の集落の造形伝統を意識し理解していたと考えられます。このことを考古学としてより掘り下げるなら、縄文社会の仕組みにさらに近付くことができ、縄文文化の真の解明に近付くことができるのではないでしょうか。そのことによって文化の一つの祖型としての縄文文化がより充実した姿を見せることを期待します。

（あおやぎ・まさのり　多摩美術大学 理事長、
山梨県立美術館 館長、元文化庁 長官）

❷ 釈迦堂遺跡博物館
The Shakado Museum of Jomon Culture

高速パーキングから直結で 土器・土偶に会える！

　釈迦堂遺跡では1980（昭和55）年から約2年にわたり、中央自動車道建設工事に先立ち発掘調査が行われました。その結果、縄文人たちがつくりだした30tにも及ぶ土器や土偶が出土しました。この内、5599点は国の重要文化財に指定されています。土偶だけでも1116点もの数を誇り、1遺跡からの出土数としては、日本有数の出土数となっています。これらの出土品を展示する施設として、1988年に釈迦堂遺跡博物館が開館しました。

　当館では、中部高地の代表的な遺跡として数えられる釈迦堂遺跡から出土した、数多くの土偶や高い芸術性を持った土器などをご覧いただけます。特に「水煙文土器」は立体的で優美な装飾を持ち、70cmを超える大型でありながら繊細さも兼ね備えた、中部高地を代表する土器となっています。また、釈迦堂遺跡出土品5599点（重要文化財）は日本遺産「星降る中部高地の縄文世界」の構成文化財にもなっています。

〒405-0054
山梨県笛吹市一宮町千米寺764
TEL:0553-47-3333　FAX:0553-47-3334
http://www.eps4.comlink.ne.jp/~shakado/

開館時間:午前9時〜午後5時（入館は16時半まで）
休館日:火曜日・祝日の翌日・年末年始

一般・大学生:一般400円、団体320円
小・中・高校生:200円、団体160円
※団体料金は20名以上。

鉄道／JR中央本線 勝沼ぶどう郷駅下車、甲州市民バスで「釈迦堂入口」下車、徒歩15分。
自動車／東京方面から中央自動車道 釈迦堂PA内、下り専用階段にて徒歩2分。または中央自動車道 勝沼ICより約5分。国道20号「下岩崎」左折し5分。長野方面から中央自動車道 釈迦堂PA内から徒歩10分。または中央自動車道 一宮御坂ICより約5分。国道20号「石」を右折し5分。河口湖方面から国道137号「下黒駒北」を右折し10分。
高速バス／中央自動車道 釈迦堂PA内、下り専用階段にて徒歩2分。

博物館は甲府盆地を見渡すことができる高台にあり、北岳や甲斐駒ヶ岳など南アルプスを代表する山々を見ることができます。

中央自動車道釈迦堂PAより直接専用階段で来館できる全国でも珍しい博物館となっています。PAには、土偶を模した石像なども設置されています。

釈迦堂遺跡の土偶たちを代表する「しゃかちゃん」（左）と「しゃっこちゃん」（右）

館内は2020（令和2）年にリニューアルオープンし、常設展示室では釈迦堂遺跡出土の1116点の土偶を全てをご覧いただけます。

常設展示室では、できる限り土器や土偶が前後左右さまざまな角度からご覧いただけるように展示されています。

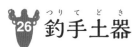

26 釣手土器
つりてどき

笛吹市・甲州市　釈迦堂遺跡
ふえふきし　こうしゅうし　　しゃかどういせき

縄文時代中期後葉　器高20.0㎝　口径24.2㎝　重要文化財

縄文のランタン？

釣手土器は「縄文時代のランプ」と呼ばれることもあります。山梨県・長野県を中心に出土する土器の一つで、縄文時代中期中葉から後葉にだけつくられています。下部の器部分のなかで火を灯して使われるものです。そして、上部に柱のように立ち上がっている部分は、中空になっていて上下が貫通しています。この孔（あな）に上から下に縄を通すことによって、木の枝などに釣り下げることができます。現代風に言えばランタンのような使われ方が想像できます。

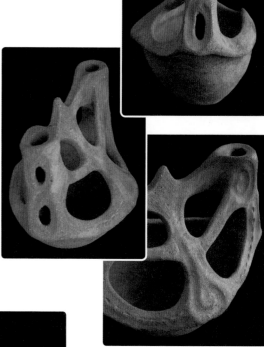

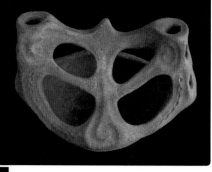

シンプルな形をしているものから、中央部に顔の付くもの、この釣手土器のように不思議な形をしたものなどさまざまなものがあります。

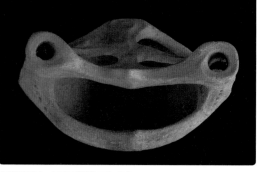

両端の孔は、下まで貫通しています。

27 有孔鍔付土器
ゆうこううつばつきどき

笛吹市・甲州市　釈迦堂遺跡
ふえふきし　こうしゅうし　しゃかどういせき

縄文時代中期　器高43.0cm　口径36.0cm　重要文化財

土器を抱くカエル人間？

有孔鍔付土器と呼ばれるこの土器は口縁部付近に孔（あな）があり、そのすぐ下に鍔が付けられています。これらの孔を使って蓋ができることから、酒造りの道具など使い方は諸説考えられています。

また、この土器には胴部に人のような文様があります。人のようにも、またカエルのような生物にも見えます。こういった蛙的人体文は有孔鍔付土器の器面に表現される例が多く見られます。有孔鍔付土器はその器形の特異性で注目されていますが、こうした不思議な文様が見られることから縄文人の精神世界を探るうえでも重要な資料となっています。

顔のない人？　カエル？

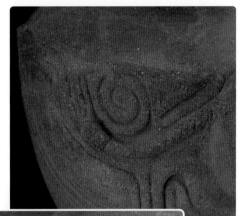

28 褶曲文土器
笛吹市・甲州市　釈迦堂遺跡

縄文時代中期中葉　器高30.0㎝　口径35.5㎝　重要文化財

謎のキノコのような姿

地層の褶曲のように、弧線（弓なりの線）を複数平行に並べた文様が基本となっていますが、そのなかに円環やU字状の文様が収められています。この土器は特に一つ一つの隆帯（粘土紐を貼り付けたもの）が深く、はっきりとしているので小ぶりながら存在感があります。

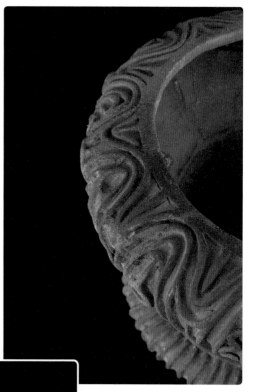

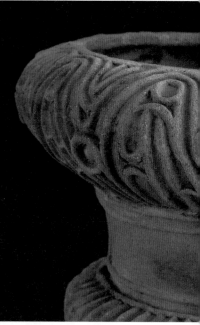

一見すると規則的にも見えますが、非常に複雑に文様が配置されています。

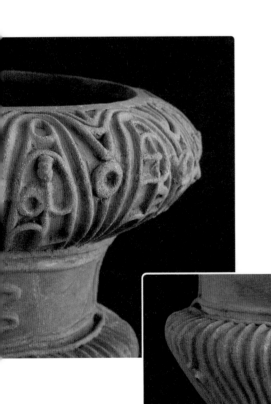

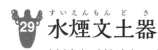

'29 水煙文土器
すいえんもんどき

笛吹市・甲州市　釈迦堂遺跡
ふえふきし　こうしゅうし　しゃかどういせき

縄文時代中期後葉　器高71.0㎝　口径65.5㎝　重要文化財

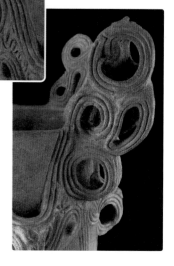

この把手と向かい合う把手の一対2個の把手の頂部は、円環が立体交差する不思議な文様となっています。

水煙文土器の女王

水煙文土器は、水煙りを思わせる緩やかで美しく表現された立体的な曲線文を口縁部に持つ土器で、山梨県・長野県を中心に200点ほどが出土しています。これらのなかでも、当館所蔵の水煙文土器は、70㎝を超える大型品で、把手は二対（4個）からなり、ダイナミックでありながら柔らかな曲線が、渦のように回りながら少しずつ変化しています。また、把手の頂部には円環が立体交差する文様があり、土器製作の技術の高さが感じられます。新潟を中心として出土する火焔型土器とともに、縄文時代中期の造形を代表する土器と言えるのではないでしょうか。

外側にわずかに張り出しながらまっすぐに伸びる把手は、正確に対面に配されています。

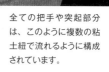

全ての把手や突起部分は、このように複数の粘土紐で流れるように構成されています。

水煙文土器は、バラバラな状態で出土したものを復元しています。
（写真提供：釈迦堂遺跡博物館）

30 深鉢形土器
<ruby>深鉢形土器<rt>ふかばちがたどき</rt></ruby>

<ruby>笛吹市<rt>ふえふきし</rt></ruby>・<ruby>甲州市<rt>こうしゅうし</rt></ruby>　<ruby>釈迦堂遺跡<rt>しゃかどういせき</rt></ruby>

縄文時代中期中葉　器高51.0cm　口径49.0cm　重要文化財

ヘビが守る器のよう

大きく膨らみのある円環状の把手が対照的に複数配置される
なか、とびぬけて大きな二つの把手は、一つはヘビの頭を模
したような突起が付き、一つはヘビが大きく口を開けたかの
ような把手となっています。また、胴部の上段にはとぐろの
ような渦巻きの文様が付きます。

この把手の頂部にはヘビの頭のよう
な突起が付いています。

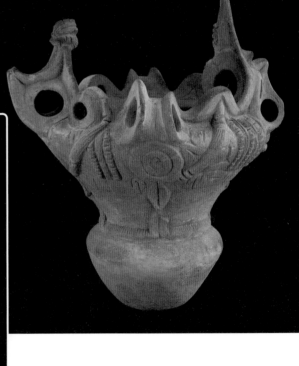

31 水煙文土器
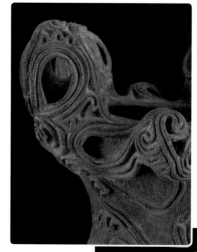
すいえんもんどき
ふえふきし こうしゅうし しゃかどういせき
笛吹市・甲州市　釈迦堂遺跡

縄文時代中期中葉　器高50.0㎝　口径46.0㎝　重要文化財

うねりすぎ!? 水煙文が激しい

釈迦堂遺跡から出土している大型の水煙文土器よりも小ぶり
で、より柔らかい曲線によって文様が構成されています。大
型の水煙文土器よりも広範囲に文様が広がり、上半部は連続
した粘土紐を土器の表面に這わせるかのように配置していま
す。また、水煙把手は全体のバランスからすると大きく、ま
さに水煙把手を見せるための土器といった印象を受けます。

大型の水煙文土器と同様に、ほぼ同じ文様の把手が向き合う形で二対4個配置
されます。

大型の水煙文土器と同様に、水煙把手は非常にバラ
ンス良く配置されます。

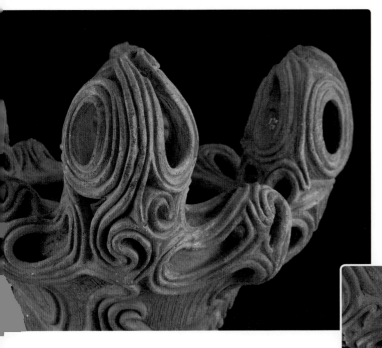

頂部がやや尖る形に見え、まるでソフトクリームかのようにも見えます。

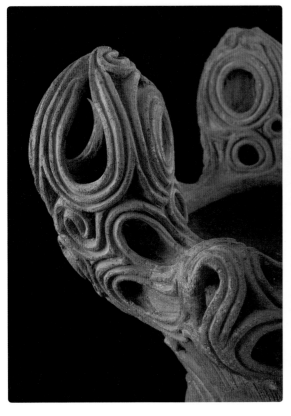

32 人体文土器
じんたいもんどき

笛吹市・甲州市　釈迦堂遺跡
ふえふきし　こうしゅうし　しゃかどういせき

縄文時代中期中葉　器高54.0㎝　口径40.0㎝　重要文化財

半人半蛙？
はんじんはんあ

胴下部に付けられた両手両足を広げた人体文は、縄文土器の
さまざまな文様のなかでも特に不思議なものです。特に指の
モチーフに注目すると三本指、四本指で表現されたものがあ
り、単純に人間の体を表現したものというよりも、カエルの
文様もしくは人体とカエルが合体した「半人半蛙」とする考
え方もあります。

割れてはいますが、土坑からほぼ完全な形で出土しました。
（写真提供：釈迦堂遺跡博物館）

下部に人体文が配置されています。

背面には人体文はありません。

しゃがんだ人のようにも見えますが、カエルのようにも見えます。

33 前期土偶
ぜんき どぐう

笛吹市・甲州市　釈迦堂遺跡
ふえふきし こうしゅうし　しゃかどういせき

縄文時代前期　重要文化財

こんがり美味しそうな土偶たち

まるでクッキーのような扁平の板状土偶。釈迦堂遺跡からは
7点が出土しています。なかでも頭部に四つの孔（あな）を
もつ土偶は、孔が目や耳飾りの孔などのいわゆる顔の表現に
も見えます。また、わずかに乳房の表現も見え、立体化する
中期の土偶へと変わる直前のようでもあります。

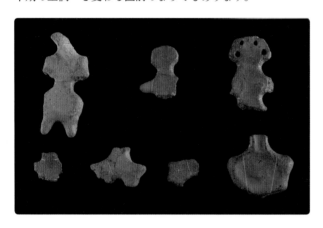

34 土偶集合
どぐうしゅうごう

笛吹市・甲州市　釈迦堂遺跡
ふえふきし こうしゅうし　しゃかどういせき

縄文時代前期〜後期　重要文化財

土偶、大集合！

釈迦堂遺跡からは1116点という膨大な数の土偶が出土して
います。これは日本で2番目の出土数になります。これだけ
の出土数がありますが、頭から足まで全てが揃った土偶は一
つもありません。また、破片が接合できたものもわずかに15
例です。土偶の破片を観察すると、土偶は部位ごとにつくら
れ、割れやすくつくられていることがわかりました。
諸説ありますが、これらのことから土偶は元気な子どもが生
まれてくるように祈りを込めて壊され、その破片はどこかに
持ち去られているのではないかと考えられています。

1116点の土偶のうち、顔は190点ほどになります。当然ですが、手足の数がもっとも多いです。　撮影:塚原明生

❸ 春日居郷土館・
小川正子記念館
Kasugai Kyoudo Kan・Ogawa Masako Kinenkan

甲斐国の千年、ここにあり！

　常設展では、「甲斐国千年の都・縄文の千年」をテーマに山梨県笛吹市の歴史と文化をわかりやすく展示しています。

　笛吹市は、古代から中世まで、政治・文化の中心として千年以上栄え、甲斐国（山梨県）のなかでも重要な役割を持った地域であることから、古墳や寺社など数多くの文化財があります。

　また、山麓エリアには、縄文時代の集落がつくられ、立体的な装飾を持つ土器、土偶に代表される精神性豊かな縄文文化が華開きました。

　併設されている小川正子記念館では、当市出身でハンセン病患者救済に尽力した女医・小川正子の功績を、彼女の愛用品や手記とともに紹介しています。

〒406-0013
山梨県笛吹市春日居町寺本170-1
TEL：0553-26-5100

開館時間：午前9時〜午後5時（入館は午後4時半まで）
休館日：火曜日・祝日（こどもの日・文化の日は除く。火曜日が祝日の場合、水曜開館）・12月27日〜1月5日

一般・大学生：一般200円、団体160円
小・中・高校生：一般100円、団体80円
※団体料金は20名以上。

鉄道／ＪＲ中央本線の特急で山梨市駅へ、甲府行で春日居町駅下車、徒歩約10分。
自動車／中央自動車道 一宮御坂ICよりJR春日居駅へ、駅から約3分。

イベント情報／
年数回、テーマを決めて特別展を開催しています。
毎年7月〜8月ごろ 『わが町の八月十五日展』

常設展示の様子

小川正子記念館展示室の様子

復元された土器や、かつて存在した古代寺院の復元模型の展示

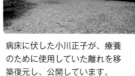
病床に伏した小川正子が、療養のために使用していた離れを移築復元し、公開しています。

小川正子が勤務した長島愛生園は瀬戸内海に浮かぶ島にあります。銅像とともに、島から見た瀬戸内海の景色を展示しています。

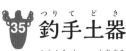

35 釣手土器
つりてどき

笛吹市　金山遺跡
ふえふきし　かなやまいせき

縄文時代中期　器高49.0㎝

その顔はまだ誰も知らない

釣手土器とはその名のとおり、浅鉢形の土器に「釣手」の付いた縄文土器です。主に中部高地から関東地方を中心に製作されており、この土器は笛吹市境川町の小高い丘の上で発見されました。

釣手土器は、釣手の真ん中に紐を通し、なかに火を灯して、「ランプ」として使用されていたと考えられています。

製作されたのは、縄文時代中期に位置付けられ、この地域で最も縄文文化が華開いた時期にあたります。

釣手部分には、ヘビのような文様が一円に施され、外に向かって張り出す部分には、幾何学文様が施されるなど、数ある釣手土器のなかでも複雑で特徴的な形であるところも注目されます。

また、この土器の釣手上部の中央には、人の顔を模した装飾が施されていたと考えられますが、残念ながらその顔面部分は発見されておらず、どのような表情をしていたのかは謎に包まれたままです。

背面の様子
中央の顔面部分の裏は十字に彫り込まれ、交点には渦巻状の装飾が施されています。

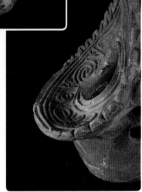

釣手部分は外へ張り出し、傘のような形で成形されています。

細かな意匠もちりばめられています。

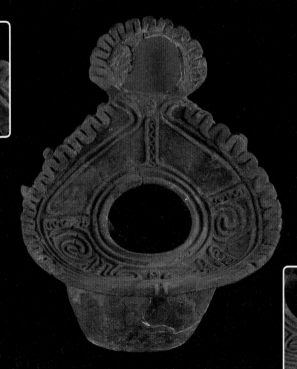

土器正面の様子
釣手の外側に施された装飾は、這うヘビや燃え上がる炎をモチーフとしたと考えられています。

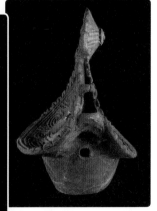

側面には穴が開いており紐を通すことができます。

背面は正面とは文様が異なります。渦巻きを基本としながらも、装飾の位置や数に違いがあります。

内側には渦巻きをモチーフとした装飾が施されています。

36 水煙文土器（すいえんもんどき）

笛吹市境川町　西原遺跡（ふえふきしさかいがわちょう　にしはらいせき）

縄文時代中期後葉　器高47.0cm

縄文人の超絶技巧

水煙が巻き上がるかのような渦巻状の大きな把手を持つのが特徴的な水煙文土器。この土器は、笛吹市境川町の西原遺跡で発見されました。土器の口縁部のみ発見されていますが、水煙文土器のなかでも、他に類を見ない複雑な文様を持つことが特徴です。

把手の先端にかけては、渦巻きや同心円、波をモチーフとした模様が複雑に絡みあっています。

他の水煙文土器と比べると、小柄な土器のなかに文様がぎっしりと詰め込まれ、作り手の繊細な仕事を見てとれます。

また、把手部分が一部欠損しており、水煙文の内部を覗くことができるという点も興味深いです。

縄文時代中期後葉に多く製作された、大型で華やかな水煙文土器とは打って変わって、ダークで緻密な印象を持つ一風変わった水煙文土器となっています。

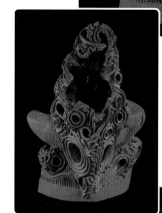

同心円の大きな文様は土器のくびれ部に付き、どっしりとした印象を受けます。

把手のなかは空洞になっています。やや暗色の胎土（たい）とも相まって、吸い込まれそうな雰囲気を醸し出しています。

不規則に散りばめられた円環。

まるで生き物の内臓のようにも見えます。

把手のなかが空洞で、複数の窓を持つ水煙文把手のことを「丸窓ドーム形水煙文土器」と呼びます。

くびれ部には中空で半球状の把手が複数付き、それぞれの把手の文様も繋がっています。

37 土偶
ふえふきし さかいがわちょう まえつけ い せき
笛吹市境川町　前付遺跡

縄文時代中期後葉　全長21.5cm

癒やし系ナンバーワン！「てらたん」

笛吹市境川町前付遺跡から出土した土偶。腕を横に伸ばし、「バンザイ」するようなポーズで直立していたと考えられます。全長は21.5cmと大きく、丸く平たい顔に小高い鼻、垂れた両目、少しだけ空いた口がしっかりと表現された癒やし系の土偶です。

眉から耳にかけてはキザミが入り、両耳には耳飾りを模したと考えられる穴が貫通しています。さらに、首回りや腹部、側面、腰にかけては、刺青風の文様が細かく施されているというのが特徴です。

地域の児童たちから「てらたん」という愛称をもらい愛されている土偶の一つです。

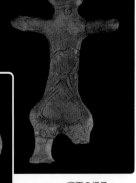

背面の様子

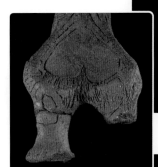

臀部には縦筋の彫り込みがびっしりと施文されています。

腰は反り、ふっくらとした体形が表現されています。

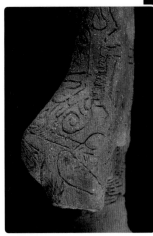

側面は正面よりも複雑に施文されていて、刺青風に彫り込まれています。

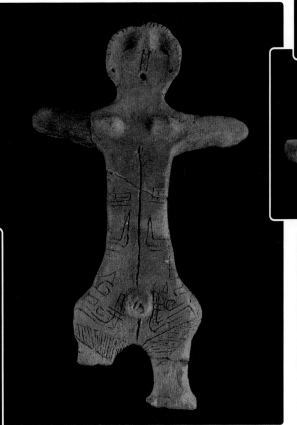

正面から見た様子
剣先状の文様が腹部に彫り込まれています。

❹ 山梨県立博物館
やまなしけんりつはくぶつかん
Yamanashi Prefectural Museum

山梨の自然と人を学ぶ

　山梨県立博物館は子どもから高齢者までが世代を超えて交流し、歴史と文化を学ぶ場、そして情報発信の場として、山梨県笛吹市に2005（平成17）年10月15日に開館しました。当館は、基本テーマである「山梨の自然と人」を活動の基本におき、山梨の豊かな自然と人々がどのように向き合ってきたのかという歴史を総合的に調査研究し、それらの成果をこれからの地域振興の重要な指針として提示できるような博物館を目指しています。

　当館の常設展示は、山梨県を宇宙から撮影した立体パネル「山梨の舞台」や、山梨の自然や人と交流に関わる歴史・文化を19のテーマにわたって紹介する「メイン展示」、利用者が五感で歴史を体感することのできる「歴史の体験工房」といったコーナーから構成されています。企画展示では、魅力あるテーマを最新の研究成果により、わかりやすくご紹介します。また博物館の屋外では、4万本の木々や草花が織りなす四季折々の景観を楽しむことができます。このように、当館は、利用される皆様が楽しみながら交流できるための施設づくりとサービスを心がけています。

〒406-0801
山梨県笛吹市御坂町成田1501-1
TEL：055-261-2631　FAX：055-261-2632
kenhaku@pref.yamanashi.lg.jp
http://www.museum.pref.yamanashi.jp/

開館時間：午前9時～午後5時（入館は午後4時半まで）
休館日：火曜日（火曜日が祝日の場合は開館し、翌日の水曜が休館）・祝日の翌日（土曜日が祝日の場合、翌日日曜が開館）

一般：一般520円、団体420円
大学生：220円、団体170円
※団体料金は20名以上。宿泊者割引あり。
詳しくは公式HPにて。

鉄道／JR中央本線 石和温泉駅下車、富士急バスで「山梨県立博物館」下車、徒歩3分。
自動車／東京・大月方面から中央自動車道 一宮御坂ICより石和方面へ、約8分。笛吹市八代スマートICから約12分。その他、詳しくは公式HPにて。

イベント情報／毎週末、「あそぼう！まなぼう！寺子屋ひろば」というミニイベントのほか、常設展示の解説をする「常設展スルーガイド」も実施しています。また月に約1回のペースで、普段はできない昔の体験や工作をしたり、展示の内容とあわせた体験や工作をする「かいじあむ子ども工房」や、当館のお庭を紹介する「お庭の見どころガイド」を開催しています。そのほか、「かいじあむのお正月」・「こどもまつり」・「夏まつり」・「秋まつり」といった、季節ごとのお祭りを行うほか、古文書講座、当館館長による館長トークも定期開催しています。

常設展示「メイン展示」

常設展示「山梨の舞台」

38 大型深鉢土器
おおがたふかばちどき

笛吹市・御坂町　桂野遺跡
ふえふきし　みさかちょう　かつらのいせき

縄文時代中期　器高54.0cm　山梨県指定文化財

渦巻きしかない！

渦巻文が特徴的な縄文時代中期の深鉢土器です。甲府盆地の東部に連なる御坂山塊の北西緩斜面（標高530m）に位置する、桂野遺跡から出土しました。

この土器は、他に類例がない渦巻文だけで構成されている深鉢形土器で、円筒形の胴部全体に渦巻状の文様が描かれています。渦巻文は、力強く表現されており、自然と共生していた縄文人の世界観やエネルギーを感じることができます。土器上部は打ち欠けていますが、元は高さ80cm程度あったのではないかと推定されています（現状は54.0cm）。

さかまく激流を思わせる造形であり、躍動感に満ちています。

土器全体に渦巻文様が施された珍しい土器です。底部に小孔がうがたれていることと、出土状況から、埋甕（遺体を埋葬のために収容する土器）として用いられたと考えられています。

仮面土偶 _{かめんどぐう}

特別登場！

笛吹市　中丸遺跡 _{ふえふきし　なかまるいせき}

縄文時代中期　高さ25.4cm

謎の三本指

東京国立博物館所蔵の黒駒の土偶は現在の笛吹市御坂町上黒駒字中丸遺跡から発見された土偶で、下腹部以下を失っています。つり上がった両眼、入れ墨と思われる沈線、三ツ口から当初より人間よりも動物を模したものとされてきました。なかには山猫の擬人化という解説もあります。三本指を持つ左腕は胸に置き、右腕は失われていますが腹部に置く、いわゆる妊娠のポーズと思われます。後頭部文様は玉抱き三叉文（丸とみつまたがセットになっている装飾）を粘土紐で造形しています。背首部のシコロ状の膨らみには細かな刺突文（棒状の道具を突刺して付けた文様）があります。背骨部を深い沈線で表します。これらの特徴的文様は人体形象文土器に類例があります。乳房をもたないことから、山猫の仮面を被った土偶であろうと思われます。

（レプリカ　資料提供：釈迦堂遺跡博物館）

Image: TNM Image Archives

❺ 北杜市考古資料館
Hokuto City Archeological Museum

ちいさな女神「ちびーなす」やタコのような頭の「ちゅうた」くんが待っています。

八ヶ岳・甲斐駒ヶ岳・茅ヶ岳など多くの名峰の麓に広がる北杜市には旧石器時代以降多くの遺跡が残されました。華麗な装飾を施す土器文化が華開いた縄文時代、貴重な品々が墓に副葬された弥生・古墳時代、天皇への献上馬を飼育した官牧が営まれた平安時代、甲斐源氏が甲斐国全体へ勢力を伸ばしていく足がかりとした鎌倉時代。それぞれの時代に北杜市は重要な歴史の舞台となりました。

北杜市考古資料館は、史跡谷戸城跡に隣接しています。付近には天神C遺跡や寺所第2遺跡などの縄文遺跡が立地しています。北杜市考古資料館では、市内の遺跡の出土品から市内の歴史を紐解いています。

史跡金生遺跡と史跡谷戸城跡のガイダンス施設となっており、両史跡の出土品を始め、館内には、全国的に有名な津金御所前遺跡の出産文土器や、「ちびーなす」の愛称で親しまれている諏訪原遺跡の小型土偶、全国的に類例のないタコのような頭をした金生遺跡出土の中空土偶「ちゅうた」などが展示されています。その他にも、八ヶ岳周辺地域に特徴的な顔面把手付土器や抽象文土器などが数多く展示されています。

ガラス張りのロビーからは雄大な八ヶ岳が一望できます。

〒409-1502
山梨県北杜市大泉町谷戸2414
TEL：0551-20-5505
yatojo-rekisikan@lagoon.ocn.ne.jp
https://hokuto-maibun.com/?page_id=154

開館時間：午前9時〜午後5時（入館は午後4時半まで）
休館日：火曜日・水曜日（祝日の場合は、木曜日）・祝日の翌日（土・日曜日、祝日は除く）・12月28日〜1月4日

大人（高校生以上）：一般210円、団体100円
小人（小・中学生）：一般100円、団体50円
※団体料金は20名以上。

鉄道／JR中央本線 小淵沢駅下車、北杜市民バス「旧JA大泉支店前」下車、徒歩約6分。
自動車／中央自動車道 長坂ICより約10分。

イベント情報／年に数回企画展を行っているほか、夏休みには子ども向けの体験教室を行っています。

二階の常設展の入り口には、縄文時代草創期から縄文時代晩期までの土器が、時期ごとに並べられています。1万年以上に及ぶ縄文時代の土器の変遷を辿ることができます。

縄文時代の展示室。顔面把手付土器や抽象文土器など、中部高地を象徴する資料を数多く展示するほか、配石遺構の復元模型や大型パネルなどで金生遺跡についても紹介しています。

資料館のすぐ隣には、甲斐源氏の祖と言われる逸見清光が築城したと伝えられる史跡谷戸城跡が残されています。大きな堀や土塁が復元整備されており、頂上にある一の郭に立つと甲斐源氏が甲斐国一帯に勢力を伸ばす足掛かりとなった八ヶ岳南麓地域を一望することができます。

中世の展示室。史跡谷戸城跡から出土した資料を始め、藁紐で100文ごとにまとめられていた2800枚にも及ぶ小和田館跡から出土した縄銭を見ることができます。

弥生時代〜平安時代までの展示室。頭無A遺跡から出土した弥生時代後期の鉄釧やガラス玉などの貴重な資料も展示しています。

発掘調査では、逸見清光の生きた平安時代末期にまでさかのぼるような資料は残念ながら出土しませんでした。14世紀から15世紀代の室町期の資料が多く出土しています。戦国期以前の古い形態を残す城郭として国史跡となりました。

40 顔面装飾付土器
北杜市　寺所第2遺跡

縄文時代中期　器高55.0㎝

ハート形のほほえみ顔

北杜市大泉町にある縄文時代中期の拠点的集落である寺所第
2遺跡から出土した縄文時代中期前葉貉沢式の深鉢形土器
です。住居の床面に横倒しの状態で出土しました。

口縁部にはハート形に縁どられたなんとも可愛らしい輪郭をも
つ二つの人面装飾が付いています。胴部は縄文の施文（文様
をつけること）のみでシンプルな装飾だからこそ人面装飾が際
立っています。ハート形の顔のなかに押引文（先端が四角い棒
で引いた文様）で目、鼻、口を描いています。一つは柔和な表
情で、もう一つはやや目がつり上がり険しい表情をしています。
表情の違いにはどんな意味があるのでしょうか。

中期前半貉沢式期の土
器は、4単位の把手の
間に押引文でコの字状
の文様を描くものが多
くあります。この土器
では二つの顔面装飾と
ひだ状の装飾の間にコ
の字の文様が描かれて
います。

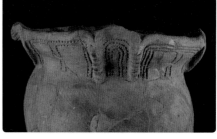

二つの人面装飾の間にはひだ状の貼付がされ、
この土器の重要なアクセントとなっています。正
面から見るとこの部分が羽のようにも見えます。

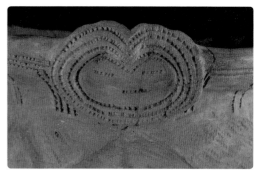

ハート形の太い粘土紐の上に、押引文を三重に付けています。
やや下向きに付けられた顔は、下界を見下ろす神様のようにも
見えます。

径が最大になる位置が高く、腰高で
スマートな印象を受ける器形です。

顔面装飾付土器
がんめんそうしょくつきどき

北杜市　酒呑場遺跡
ほくとし　さけのみばいせき

縄文時代中期　器高28.0㎝

ヘアスタイルを表現

縄文時代の八ヶ岳南麓を代表する大規模集落である酒呑場遺跡から出土した縄文時代中期中葉藤内式の人面装飾付土器です。口縁部に四つの突起が付いており、そのうちの一つが人面装飾となっています。人面装飾は、中心に付けられた鼻から延びる弧状の粘土紐で眉または目が描かれ、顔の輪郭に繋がっていきます。目の上には細かく折りたたんだ粘土紐が付けてあり髪の毛のようです。人面装飾付土器のなかでもこのように髪の毛の表現がされているものは多くなく大変珍しいです。

隆帯（粘土紐を貼りつけたもの）を一周させ土器を区切り、横位の文様帯を付けるのがこの時期の特徴です。口縁部と頸部にそれぞれ一つ、胴部に三つの横位文様帯があります。口縁部は上向きと下向きの三角形を交互に配した重三角文を持ち、胴部には楕円区画文や三角文を配します。隆帯の脇には、連続爪型文を丁寧に施しています。

人面装飾を上から見ると、粘土紐を細かく折りたたんで髪の毛を表現しているのがよくわかります。

人面装飾のすぐ下にはメガネ状の突起が付いています。蝶ネクタイを結んでいるようにも見えてユーモラスです。

口縁部には重三角文が施されていますが、突起部については、三角ではなく四角形を組み合わせることで、突起部をつくり出しています。

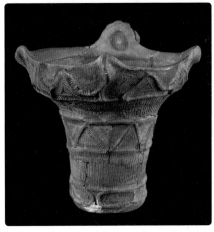

顔面把手の裏側は、半球状にへこませています。顔面把手だけでなく、この時期の突起などの裏側もこのようにへこませているものがあります。

42 顔面把手付深鉢
北杜市　竹宇1遺跡

縄文時代中期　器高56.0㎝

力強い大地の母

北杜市白州町にある縄文時代中期の集落遺跡竹宇1遺跡から出土した顔面把手付深鉢です。顔面を上に向け斜め横倒しになった状態で竪穴住居から実形出土しました。粘土紐上の刻みや半肉彫の装飾がしっかりと付けられ、とても力強く重厚な印象を持ちます。まるで臨月の妊婦のように胴部は大きく膨らんでおり、出産文土器と考えられています。胴部の真ん中には2本の隆帯（太い粘土紐を貼りつけたもの）が横切り、胴部の文様を大きく二つにわけています。下半部は隆帯を楕円やジグザクに配置し、そのなかを竹管などで縦に線を充填します。口縁部に付いた二つの双環状（穴が二つ連結していること）把手の下にはそれぞれ玉抱き三叉文（丸とみつまたがセットになっている装飾）が付けられた円盤状の装飾があり、その両側には二本指をもった手が付いています。双環状把手が顔、円盤状装飾が胴体、そして手を持った生き物のように見えます。

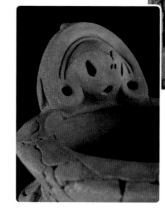

頸部から胴上半部に付いている生き物の装飾は、手の広げ方や二本指などからカエルではないかという説があります。

同じ時期の他の土偶や顔面把手の顔と比べて顔が尖り、目が縦に長いので、小動物の顔のような印象を受けます。両耳には穴が開けられ耳飾りが表現されています。

裏側の渦巻文は横から見るととぐろを巻いたヘビのように見えます。玉抱き三叉文はとぐろを巻いた頂点から外に向かって付けられています。

顔面把手の裏側です。真ん中にヘビのような渦巻文を配し、周りに玉抱き三叉文を深く刻んだ花弁状の装飾を立体的に組み合わせています。

胴部の上下に付けられている三角文は、山と谷をずらしているのがわかります。上半部の手の文様と三角文は合体しており、三角文の文様のなかに手を持った生き物の文様が融合して配置されています。

全体的に彫り込みが深く、影ができるとより立体的に見えます。顔面把手の裏側は歌舞伎役者の隈取のようにも見えます。

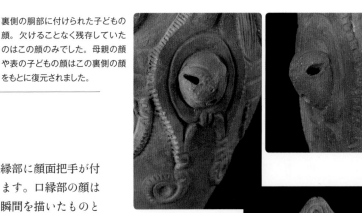

裏側の胴部に付けられた子どもの顔。欠けることなく残存していたのはこの顔のみでした。母親の顔や表の子どもの顔はこの裏側の顔をもとに復元されました。

43 顔面把手付深鉢
北杜市　津金御所前遺跡

縄文時代中期　器高56.0㎝　山梨県指定文化財

土器は命のみなもと

北杜市須玉町津金から出土しました。口縁部に顔面把手が付き、胴部にも表と裏に顔が二つ付いています。口縁部の顔は母親で、胴部から子どもが生まれてくる瞬間を描いたものとされ、出産文土器と呼ばれています。縄文時代中期の勝坂式土器の分布圏において、出産文土器と呼ばれるものはいくつかありますが、この土器ほど明確に出産のシーンを描いたものは見当たりません。土器自体が母胎に見立てられており、縄文人たちが土器を命を生み出すものとみなしていたことを端的に示すものとして全国的に知られています。

胴部の裏側にも子どもの顔が付けられています。

口縁部に付けられた顔面把手。母親の顔と考えられます。口元の横にある穴は耳飾りの表現と考えられています。眼の近くにある穴は、髪飾りの表現なのかもしれません。

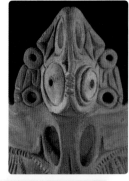

母親の顔はやや上向きで、おなかが重たい妊婦さんが背中を反ってバランスをとっている姿にも見えます。

顔面把手の裏側です。口縁部の双環状（穴が二つ連結していること）把手の上に鳥の目のようものが付き、さらにその上に付く双環状突起が鳥のとさかのようにも見えます。

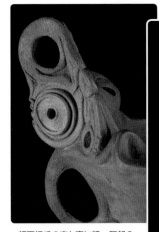

顔面把手の表と裏に顔、胴部の表と裏に子どもの顔が付いているのだとすると、まだ私たちには想像しえないストーリーや神話のようなものがこの土器には潜んでいるのかもしれません。

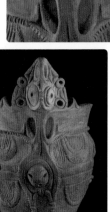

胴部の文様帯は二段にわけられており、それぞれの文様帯にはU字状の貼付がされています。U字状の区画のなかは、縦の条線（貝殻などの縁を使って引いた線）が施されています。

裏側にも胴部に子どもの顔が付いています。顔面把手の裏側も顔を表現しているのではないかという考え方もあります。

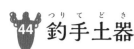

44 釣手土器
つ り て ど き

北杜市　梅之木遺跡
ほくとし　うめのきいせき

縄文時代中期後半　器高19.0㎝

祈りを灯す土器

北杜市明野町にある縄文時代中期後半の拠点的集落である国
指定史跡・梅之木遺跡から出土した縄文時代中期後半曽利式
期の釣手土器です。

口縁部の鍔が表と裏の両側からせり上がってアーチ状の釣手
となっています。釣手の頂部の両面には顔が付いています。
アーチの部分には丸い穴をあけ、その周りを沈線（線を彫っ
た文様）で二重ないしは三重に囲んだ文様を数珠つなぎにし
たような装飾が施されています。梅之木遺跡から直線距離で
2㎞程離れた位置にあり、同じく縄文時代中期の拠点的集落
である諏訪原遺跡から非常によく似た釣手土器が出土してお
り、二つの拠点的集落に何らかの関係性があったのかもしれ
ません。アーチとアーチの間には、双環状（穴が二つ連結し
ていること）の把手やブリッジ状の把手が付けられています。

アーチとアーチの間に付
けられた把手は、正面か
らは見えないように配置
されています。意識的に
そうしたのでしょうか。

顔面付釣手土器には、裏側には
顔が付かないものや表と裏で少
し顔の表現が違うものがありま
すが、この土器の顔は両面とも
ほぼ同じ表情をしています。

アーチとアーチの間
に付けられた把手。
把手部分に縄など
をかけて吊るすこと
も想定されています
が、摩擦痕などは確
認できていませんの
で、吊るして使用し
たわけではないよう
です。

釣手土器は、中に火を灯した灯明具と考えられています。どの集落からも見つか
るものではなく、発見例も限られていることから、火の祭祀に伴う祭祀的な遺物
と考えられています。
人面が付く釣手土器は身体の中に火を宿す神様であって、記紀にでてくる火の神
様や食物の神様の原型であるとする説をとなえる神話学者などもいます。

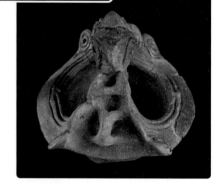

上から見ると二つのアーチが双環状の眼のようにも
見えます。

顔面把手付土器
がんめんとってつきどき

北杜市　平林遺跡
ほくとし　ひらばやしいせき

縄文時代中期中葉　器高31.0㎝

それまで口縁部の文様に付随して付けられていた双環状把手が、この時期になると他の文様から独立するとともに大型化していきます。

びっくり顔の「まるめちゃん」

北杜市明野町にある平林遺跡から出土した縄文時代中期中葉井戸尻式期の顔面把手付土器。お墓と考えられる土坑（大きく掘られた穴）からいくつかの礫（石ころ）とともに横倒しになって出土しました。この時期の土偶や顔面把手に付けられた顔はつり上がった眼をしているものが多いなかで、この土器の顔面把手は竹管で付けられた丸いかわいい眼をしています。目と同じく丸い口をあけ、まるで驚いているようでもあり、おどけた表情を持つこの土器は「まるめちゃん」の愛称でも親しまれています。

顔面把手以外に三つの双環状（穴が二つ連結していること）の把手が付けられています。顔面把手の裏側は、頭の頂部と頸部にある二つの双環状把手と耳飾りの部分とが合体し立体的な装飾となっています。胴部は、パネル文と呼ばれる四角形を組み合わせた文様構成をしています。

頭頂部の双環状把手から結った髪が垂れ下がるように頸部の双環状把手へと繋がっています。

外面は若干風化していますが、ススの付着や強い熱を受けた跡は見られませんでした。

顔面把手からは口縁部にV字型の隆帯（粘土紐を貼り付けたもの）で左右の双環状把手へと繋がっています。V字型の隆帯は折り曲げた腕のようにも見えます。

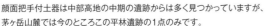

顔面把手付土器は中部高地の中期の遺跡からは多く見つかっていますが、茅ヶ岳山麓では今のところこの平林遺跡の1点のみです。

❻ 南アルプス市ふるさと文化伝承館
Historical Museum of Minami-Alps City

愛称「み・な・で・ん」。
「み・ん・な・で」つくりあげてゆく南アルプス市の博物館です!

　土偶「子宝の女神ラヴィ」や「ぴ～す」で知られる重要文化財の「鋳物師屋遺跡出土品」をはじめ、南アルプス市内の遺跡から出土した考古資料がズラ～っと並んでいます!露出展示で並ぶ縄文土器の数々は圧巻です!!

　また、南アルプス市の2万5000年の歴史を紐解きながら、国内有数規模の扇状地である御勅使川扇状地をどのように開拓していったのか、治水と利水の知恵などなど、小さいながらも、手づくり展示で南アルプス市を知っていただこうと奮闘しています!

　さらに、期間限定の「テーマ展示」は住民とともに掘り起こし、調査した地域のストーリーをテーマごとに特集しています。

　当館ではスタッフによる展示案内でお客様とのコミュニケーションを大切にしていて、スタッフとのやり取りを楽しみにされるリピーターさんもいらっしゃるほどです。

　火起こし体験、土偶のお顔づくりなど五感を使って楽しめる体験メニューもご用意しています(現在コロナ感染予防により中止中。要お問い合わせ)。

　地元の作家さんとコラボしたグッズも豊富ですし、映画『ゆるキャン△』にも登場した土偶キャラのおっきな「ラヴィちゃん」もお待ちしております!　ぜひ!

〒400-0205
山梨県南アルプス市野牛島2727「湧暇李の里」内
TEL:055-282-7408　FAX:055-285-7113
https://www.city.minami-alps.yamanashi.jp/manabu/shiseki/densyokan/

開館時間:午前9時半～午後4時半
休館日:木曜日(祝日の場合は翌平日)・年末年始

入場料:無料

鉄道／JR中央本線 甲府駅下車、山梨交通バスターミナル芦安方面行きバス「野牛島」下車、徒歩10分。またはJR竜王駅よりタクシーで約10分。
自動車／中部横断自動車道 白根ICで下車し、国道52号線(側道)を北上。「湧暇李の里西」交差点を右折して300m。「湧暇李の里」内。

イベント情報／伝承館で夏まつり(コロナ感染予防のためここ3年間中止中)
ミュージアムカフェトーク:毎月実施
Hondaベイビークラブ:奇数月実施
これらはコロナ感染予防対策などにより中止する場合がありますので、上記HPなどでご確認ください。

「テーマ展示」コーナー 期間限定の展示です。

「足元に眠る――旧石器～縄文時代」展示室
ガラスケース無しの露出展示は圧巻!
(重要文化財のみガラスケースにて展示)

「足元に眠る――弥生～中世」展示コーナー

人体文様付有孔鍔付土器
じんたいもんようつきゆうこうつばつきどき

南アルプス市　鋳物師屋遺跡
みなみ　　　　　　　　　いもじやいせき

縄文時代中期　器高54.8㎝　重要文化財

3本指で「ぴ〜す」！

中学歴史の教科書の表紙を飾る土器で、2021（令和3）年の「全国縄文ドキドキ総選挙」で優勝しました！　多くの方に愛されている土器なのです。

土器の胴体に描かれた三つの部屋の一つに愛くるしい表情の大きな土偶が手を挙げています。「みなでん」の来館者さんは、赤ちゃんがよちよち歩きしているみたい！　とか、口をあけて何か言ってる？　歌っている？　いや、踊っているんだよ！　などと思い思いに感想を伝えてくださいます。そのようなしぐさが丁寧にレリーフ状に描かれたこの土器、この表情を眺めているだけで時間を忘れてしまいそうです。

「有孔鍔付土器」は、口縁部の下に鍔のような出っぱりと小穴がめぐる土器で、用途についてはまだ解明しきれていない謎の多い土器です。その表面にこのかわいらしい大きなレリーフ。特別なものであることは間違いないでしょう。

この謎多き土器を読み解くためにもう少し観察してみましょう。何かヒントが隠れているかもしれません。

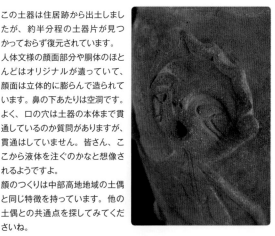

この土器は住居跡から出土しましたが、約半分程の土器片が見つかっておらず復元されています。

人体文様の顔面部分や胴体のほとんどはオリジナルが遺っていて、顔面は立体的に膨らんで造られています。鼻の下あたりは空洞です。よく、口の穴は土器の本体まで貫通しているのか質問がありますが、貫通はしていません。皆さん、ここから液体を注ぐのかなと想像されるようですよ。

顔のつくりは中部高地地域の土偶と同じ特徴を持っています。他の土偶との共通点を探してみてくださいね。

三本指が特徴的です。下がっている方の、左腕のひじから先の部分の破片は発見されていないので、実は復元されています。もしかしたら両腕とも上に挙がっていた可能性も捨てきれません。

この土器、皆さんの応募で「ぴ〜す」という愛称を頂きました!!　この3本指の姿がピースサインに見えるのが一番の理由のようです。「みなでん」で写真を撮るときにはもちろん3本指で！

おなかの「正中線（妊娠中、おへその上下に生じる縦線）」や「対称弧刻文（おなかが垂れ下がったかのような表現）」といった土偶特有の文様が描かれているのでこのレリーフは土偶だと考えています。胴体の形状が円錐形のようにも見えるので、同じ鋳物師屋遺跡の「子宝の女神ラヴィ」ちゃんとの関連を考えるのも面白いです。想像は自由に！　でも、この土器だけを見て判断はできないのです。周りの土器や土偶との共通点はあるのか？　ないのか？　この前の時代の土器はどうだ？　とかね。徹底的に観察するとさらに発見が繋がってゆき、縄文の世界が広がっていきますよ。

「有孔鍔付土器」は一集落からの出土数が少ないので、日用品とは考えづらいですよね。祭事用などの特殊な道具だと考えられています。めぐる穴が謎で、太鼓の皮を張るためという考え方もありますが、穴に太鼓として使用された擦れた痕などが無いので、これ自体が太鼓であると考えるのは難しそうです。遺跡からヤマブドウやニワトコなどの果実の出土事例があることから、縄文時代に果実酒が存在したのは間違いないようで、この手の土器が醸造用だと考えられたりしています。いずれにしてもまだ決定打はありません。

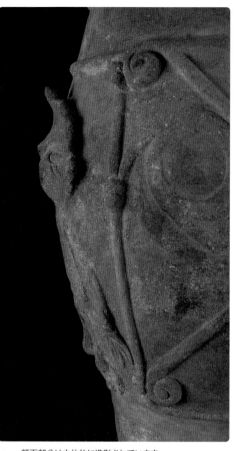

顔面部分は立体的に造形されています。
この土器はこれまで大英博物館をはじめ5度も海外の
博物館で展示されています。海外の博物館ではこの
モチーフをスケッチしている風景にも出会えました。
世界中の人を魅了しているようです。まさに日本縄文
文化を代表する土器の一つと言えるでしょう。

「有孔鍔付土器」の表面にカエルやヘビのような文
様が描かれることがありますが、この土器ほどまで
にはっきりと全身の姿が描かれ、これだけ大きな土
器は他にはありません。
人体文様と名前についていますが、このレリーフ、
よく観察するとおなかに「正中線」や「対称弧刻文」
という土偶特有の文様があるので、貼り付けられて
いるのは土偶と考えることができます。「子宝の女
神ラヴィ」ちゃんにもあるおなかの文様です。山梨
の土偶には多いので探してみてください。

胴体の三つの部屋のうち、人体文様の部屋と接
している部屋の文様。これはこれで両手両脚を
広げた何かの姿にも見えませんか?

胴体の三つの部屋のうち、人体文様のある
二部屋とは接していない部屋。ここにも何
か生き物のような装飾が見えませんか。

47 深鉢形土器

ふかばちがたどき

南アルプス市　鋳物師屋遺跡
みなみ　　　　　　いもじやいせき

縄文時代中期　器高53.0㎝

「アマビエ土器」?

コロナ感染拡大に伴って「ヨゲンノトリ」や「アマビエ」が話題になったころ、この土器も一時そのように呼ばれて少し話題になりました。たしかにそんな風に見えないこともないですね！　皆さんは何に見えますか？　想像は自由に！
この円筒状の深鉢形の土器は、「土坑」という地面に掘られた穴から横たわった状態で出土し、その際に上面となっていた部分（約半分）を欠損しています。後世の耕作などによって破損したのかもしれません。
縄文時代中期中ごろの「藤内式」と言われるものの仲間で、この土器は縦長に区画された文様が縦に並ぶのが特徴です。そのうちの一部が渦巻き状となっているのが珍しい組み合わせです。一つ一つの文様は藤内式に特徴的な文様ですが、それらを組み合わせることで全体として見てみると、ミミズクのような、鳥のような顔と容姿を表しているように見えてきます。

鋳物師屋遺跡のこともちょこっとご紹介！
山梨県南アルプス市の下市之瀬地区にあり、甲府盆地の西はじ、市之瀬台地の下の扇状地にある遺跡で、1992（平成4）年から1993年にかけて発掘調査が行われました。
縄文時代中期中ごろ（約5000年前）のムラの跡で、直径130メートルの範囲に32軒の竪穴住居跡（隣接する〆木遺跡を含む）が発見されました。住居は真中の広場を囲むように建てられていて、広場には穴（土坑）がいくつも掘られていました。この土器が出土した穴もその一つです。

膨大な量の土器が発見され、日用品から祈り事用とみられるものまであり、205点の出土品が国の重要文化財に指定されています。

両側の渦巻き文様がグルグルおめでて、つながった眉にくちばしのようなお口に見えますよね。このような隠し絵的な文様が多いのも山梨の土器の特徴かなと考えています。このように土器の胴体部分にある鳥の表現は珍しいと思いますが、縄文土器には鳥（ミミズク）のようなお顔を縁などに装飾している例は多く見られます。

遺跡からはたくさんの土器や石器の他に、土偶や土偶装飾付土器、動物をかたどった土製品や土器など、マジカルな資料も出土しています。
この土器もまさにその一つですが、他にも、目玉のある土偶（これは珍しい！）や顔をつぶされた土偶（これも珍しい！）、サル型の土製品（これだってとても珍しい！）に縄文のヴィーナス（茅野市棚畑遺跡）のそっくりさんなどなど、縄文ファンの間では、キャラの濃い出土品が多いことで知られています！　もちろんこれらはすべて「みなでん」でご覧いただけます！

割れた反対側の文様が気になるところです。遺された文様からは同じような方がもうお一方いらっしゃるかなと思えますが、皆さんはどんな文様だとイメージしますか？

089

二つの穴はひび割れを補修した痕で、大切に使われていたことが伝わります。頸の付け根から肩が大きく膨らみ、腕の伸びる部分と離れているのが気になります。

48 土偶装飾付土器

（どぐうそうしょくつきどき）

南アルプス市　鋳物師屋遺跡
（みなみ）　　（いもじやいせき）

縄文時代中期　現存高30.4cm

クリクリおめめのかわいいお顔！
だけじゃない！
背後にまわると腰も腕も！

土器を抱えるように両手を広げた土偶が貼り付いています。その様子は土器自体が母親の大きなおなかのようにも見えて、母体を表しているのではないかと考えられています。
そう、土偶と土器が一体化した土器なのです。
土器の文様や装飾に、何か物語や願いを込めて描かれているようなものが多いのが、山梨のこの時期の土器の特徴です。
この土器から皆さんはどのような物語や願いを感じ取られたでしょう？
この土器も集落の中央の広場に掘られた穴（土坑）の一つから出土しました。発見された土器片が非常に少ないため復元部分が多い土器ですが、頭部や肩、逆三角形の胴体、伸びた腕、臀部などはオリジナルです。

頭部は細かいラインが描かれていて髪型のようにも見えますが、円とクサビ形のようなモチーフが組み合わさった「玉抱き三叉文」になっていて、同じ鋳物師屋遺跡の「子宝の女神ラヴィ」の頭部や脇腹の文様と同じです。また、左耳には耳飾りのような装飾もあります。

体はちゃんと立体的につくられているのがわかります。背中は腰でくびれ、お尻が出っ張っていて、立像の土偶の造形と同じです。腕はまるで土器を抱えるかのようですが、指は二本に見えます。同じ鋳物師屋遺跡の「ラヴィ」や「ぴ〜す」とは異なる部分と言えます。

土偶装飾の部分はほとんどがオリジナルですが、脚部分は見つかっていません。よく観察すると臀部の脚の付け根部分に脚が付いていたとみられる欠けがあるので、脚も存在していたと考えてよいと思います。土偶の全身像が装飾されていたのです。

土偶が装飾された面と反対側の面の胴部には、立体的な胴体を持つ、いわゆる「抽象文」の一部が見られます。「抽象文」とはサンショウウオやヘビ、「ミズチ」をかたどったものと言われています。

この後の時期に見られることとなる、片面にヘビ、もう片面に顔面把手を持った土器の出現過程の秘密を握る土器かもしれません。

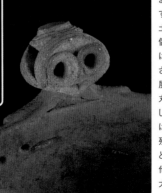

まん丸のばっちりおめめと三角のお口が特徴ですが、何もかもかわいいというだけでなく、これにも土器を読み解くヒントがあると考えています。土偶装飾と言ってはいますが、実はこのようなお顔は土偶そのものには珍しくて、むしろ土器に装飾されているものに見られます。
展示室に並ぶ土器をよく見ると、口縁の上にまん丸二つのモチーフ（これを「双環」などと呼んだりします）が付く例が見つけられます。このおめめばっちりちゃん、次の時代になるとおめめだけが残り、まん丸二つへと変わっていくのではないかとする研究もあります。
他の土器や前後の時代の土器と見比べることも大切なことですね。

49 水煙文土器
南アルプス市　北原C遺跡

縄文時代中期　器高42.8cm

モンブランが食べたくなる・・・
ぐるぐる渦巻き

渦巻文様のドーム型の出っ張りが二つ立ち上がる、「水煙文土器」とか「水煙把手土器」と呼ばれる土器の仲間です。
細い粘土紐をグルグルと渦を巻いて高くドーム状に盛り上げ、モンブランのような突起として表現されることも多いです。
もちろん突起も注目して欲しいところなのですが、なんて言いましょうか、同じ南アルプス市の鋳物師屋遺跡の土器と比べて印象が大きく変わりますよね。洗練されたラインといいますか、凝った装飾なのにゴテゴテしすぎない美しさを感じませんか。
この土器は鋳物師屋遺跡よりも少し後の時代の土器です。流線的なラインの把手のつくりが水煙を彷彿させることから水煙文土器と呼ばれ、水煙文は「曽利式」期を代表する土器の一つと言えます。

無文の口縁部の下、いわゆる頸部と呼ばれる部分に粘土紐で装飾された透かし（中空の装飾）がめぐります。この透かしは写真右側のみオリジナルで、画面左側と裏面は遺っていません。

反対側の突起も同じように渦巻きのドーム状です。完全なシンメトリーにはなっていませんが、そこに違和感がないのは完成度の高さゆえでしょうか？

突起のてっぺんは丸みのあるドーム状で細い粘土紐でぐるぐると渦巻状に描かれています。いわゆるモンブランなところですね。
中は空洞で、ドームの下には蕨手状に先端が丸まる文様やS字状の文様、丸い窓などを組み合わせていて、透かし彫りのような印象を持ちます。

胴体が細長い上にこの大きなドーム状の突起。デザイン的なバランスは良いと思いますが、据えたときのバランスが心配です。文様の無い「無文」の口縁部分に二つのドーム状の突起が付いています。
胴体部分は半分くらいが見つかっておらず、復元になりますが、この中空の突起は両方とも完全な形で見つかっています。

上へ延びる突起と頸部をめぐる透かしは繋がっています。
この土器が出土した時は、半身が横たわっていて、その上に別の土器と大きな石が上に置かれていました。

この土器が出土した北原C遺跡についてご紹介します。山梨県南アルプス市の曲輪田地区にあり、甲府盆地の西端、市之瀬台地の下の扇状地にある遺跡です。縄文時代中期後半の直径100mを越す大規模な環状集落で、1999（平成11）年に道路建設に伴ってその一部を調査しました。18軒の住居跡と5万点を超す土器や石器が発見されました。

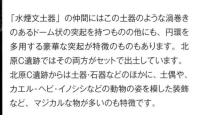

「水煙文土器」の仲間にはこの土器のような渦巻きのあるドーム状の突起を持つものの他にも、円環を多用する豪華な突起が特徴のものもあります。北原C遺跡ではその両方がセットで出土しています。
北原C遺跡からは土器・石器などのほかに、土偶や、カエル・ヘビ・イノシシなどの動物の姿を模した装飾など、マジカルな物が多いのも特徴です。

50 円錐形土偶（「子宝の女神ラヴィ」）
えんすいけいどぐう

南アルプス市　鋳物師屋遺跡
みなみ　　　　　　　　いもじやいせき

縄文時代中期　現存高25.5㎝　重要文化財

「まずは感じてみてください」

この土偶の展示ケースに掲示している当館の解説パネルの言葉です。

博物館としてはあるまじき展示解説。でも、まずはこの土偶とゆっくりと対峙していただきたいのです。

高さ25cmと土偶としては大型で、円錐形のような形のおなかによって安定し、自立しています。全身が丁寧に磨かれていて、文様も非常に細かいです。

土偶は通常はバラバラになった破片で発見されますが、こちらの土偶は肩の部分と後頭部の一部が欠損しているだけでほぼ全身が揃っていて、割れはありましたが、バラバラではない状態で発見されています。他の土偶とは違った意味合いがあるのかもしれません。

また、住居跡の床面から出土していて、底の部分がこすれたようにも見えることで、ある程度長い期間住居の中で使われていたのではないかとも想像されます。土偶の「使われ方」を示す貴重な事例と言えるでしょう。

後頭部の一部は欠損しています。同じ鋳物師屋遺跡の土偶装飾付土器と同じように円とクサビ形のようなモチーフが組み合わさった文様です。上から見るとおなかのふくらみもよくわかりますね。

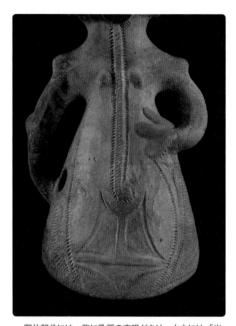

胴体部分には、胸に乳房の表現があり、中央には「出べそ」へ繋がる「正中線（妊娠中、おへその上下に生じる縦線）」、そして大きく膨らんだおなかが垂れ下がったかのような表現があります。これは「対称弧刻文」と呼ばれ、土器には用いられない中部高地の土偶特有の表現です。棚畑遺跡の国宝「縄文のビーナス」のおなかを彷彿させます。

ということは、これらの文様は、新しい命を宿したお母さんの特徴を表現したものと考えるのが自然ですよね。

さらに「しぐさ」です。

右手は腰を押さえ、左手は大きく膨らんだおなかに添えられています。お母さんがおなかの赤ちゃんを慈しんでいる様子に見えてなりません。

あくまでも私たちが提案する一つの見方なのですが。

そのようなしぐさからか、市民の皆様に「子宝の女神ラヴィ」という愛称を付けていただきました。

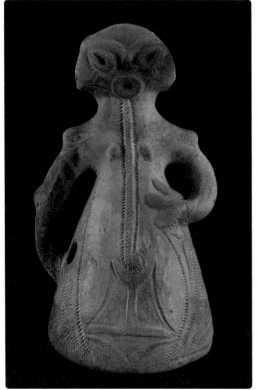

ラヴィは胴体の形だけでなく、実はその「しぐさ」も特徴的です。ほとんどの土偶がやじろべえのように両手を広げるか、だらんと下げている事が多いのですが、ごくまれにしぐさのある土偶があるのです。

土偶と一言で言っても、意図やつくる目的は多様だったのかもしれませんね。

この通常とは違う不思議な土偶を読み解くためにもう少し観察してみましょう。何かヒントが隠されているかもしれません。

内部は胸の下までは空洞で、両脇と底面の中央に丸い穴があります。同じような「円錐形土偶」の仲間には、おなかの中に鳴子が入った土鈴のような「鳴る土偶」があるので、ラヴィにも鳴子が入っていたかもしれません。想像をたくましくすれば、おなかの中の赤ちゃんをあらわしているようにも思えます。左手のあるおなかの部分をよく観察すると、製作段階の磨き調整とは違った「テカリ」にも見えるツヤがありますので、もしかしたら縄文人さんもおなかをさすっていたのかもしれません。

お顔の輪郭は櫛形山（南アルプス市の山です！）のような形をし、目はティアドロップ形で赤く塗られています。眉はつながり鼻は上向き、ほほには刺青のようなラインが刻まれていて、山梨などいわゆる中部高地地域の土偶に多い顔立ちです。ただし、口が丸くて出っ張っているのは珍しいです。

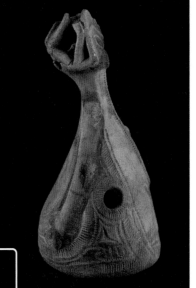

背中は反り、右手は腰を抑えているように見えます。なんだか親近感のわく姿です。約5000年ほど前の土偶ですが、今も同じような光景をよく目にします。

ただ、指が三本なのは親近感がわきません。カエルなどの他の動物へのあこがれから動物の容姿を借りて表現しているのではないかという考え方もあります。いずれにしても、我々と同じように見えても、「人間と全く同じものを造形しているのではない」のかもしれません。

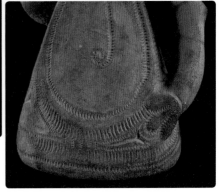

そのように考えると、「この土偶はなにか」という答えは出なくとも、なんとなく「命」を象徴していそうだということは感じ取れます。
これまで大英博物館をはじめ7回も海外の博物館で展示されています。「命」に対する縄文人の精神世界が垣間見られる点に世界中の方が惹かれているのではないでしょうか。

土器の文様に込められているものは?

櫛原織江

　これらのイラストは、『縄文土器大観』（小学館 1989）に掲載されている小川忠博さんの写真を元に、ペンで描き起こしています。美大生だった2014（平成26）年ごろに、土器の模様をイラストにしたら面白いし、新たな発見があるからという塚本レイ子さんの声かけで描き始め、現在約400点になりました。

　土器の周りを一周して撮影した写真は、立体的な土器が平らな画像になっているので、さまざまなイメージが浮かび上がってきます。土器の模様が、人や動物、植物や水や太陽のように見えたり、文字のようにも見えたりします。何千年も昔にくらしていた人たちの手によって生み出された土器には、日用品としての役割を超えた、メッセージが込められているのかもしれません。イラストにすると土器の模様が際立ちますが、実物の土器には大きさや重さ、土の質感、厚みなど、たくさんの情報が込められているので、ぜひイラストと本物の土器の感じの違いも楽しんで見てみてください。

　私は現在、縄文中期の遺跡がたくさん発見された八ヶ岳南麓で、鱒の養殖・燻製製造や、狩猟をして、ジビエの活用にも取り組む仕事をしています。

　この地でくらしながら、これからも土器の模様に込められたメッセージを探してみたいと思います。

（くしはら・おりえ　株式会社富士ジネンテックファーム）

128頁、長野No.19

028頁、山梨No.2

043頁、山梨No.17

059頁、山梨No.27

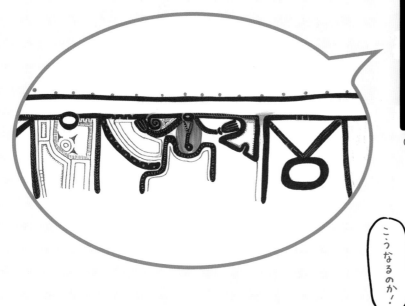

51 人面付水煙把手土器
じんめんつきすいえんとってどき

特別登場！

甲府市　後呂遺跡
こうふし　うしろいせき

甲府市教育委員会所蔵（通常非公開）

縄文時代　高さ19.3cm

願いの姿

甲府市右左口町後呂遺跡の人面付水煙把手は、内側が人面になっています。水煙把手は単なる文様のように見えますが、これは北杜市大泉町の甲ッ原遺跡の大形把手付土器の観察から人面であることが容易に推定できます。この土器の把手（突起）の円文（円形の文様）は人面からの変化です。よって、この後呂遺跡の人面付水煙把手はやや先祖帰りした造形なのです。

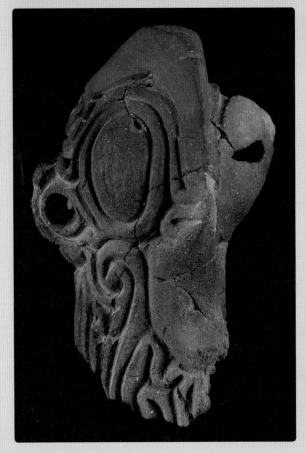

❼ 韮崎市民俗資料館
<ruby>韮崎<rt>にらさき</rt></ruby> <ruby>市<rt>し</rt></ruby> <ruby>民俗<rt>みんぞく</rt></ruby> <ruby>資料館<rt>しりょうかん</rt></ruby>

Nirasaki Folk Museum

仮面小町や美土偶全国2位の逸品が待っています!

「にらみん」こと韮崎市民俗資料館のある韮崎市は、甲州街道、駿信往還、佐久往還の交差する、ヒト・モノ・ジョウホウが集まりやすく発信しやすい地域です。そんな舞台で活躍してきた先人たちが使い生み出してきた資料を収集しているのが、1980(昭和55)年に開館した「にらみん」です。

韮崎市内で使われていた明治〜昭和期の生活道具や、市内の遺跡から出土した考古資料を中心に収蔵展示しています。①食に関わるもの、教育、装身具、娯楽、製糸、照明などさまざまなジャンルのくらしの民具道具や②旧石器時代から近世までの出土品を体系的に展示し、土器・土偶・石器・陶磁器などの発掘資料を展示しています。考古資料では、イギリスの大英博物館に展示された後田遺跡の仮面土偶「縄文の仮面小町ウーラ」や美土偶グランプリ全国第2位の「ミスいしのつぼ」などを見学することができます。

また、1873(明治6)年から1955年まで稼動していた一度に18個もの臼をつくことのできる巨大な「韮崎の水車」、甲州街道の韮崎宿(現在の韮崎市本町通り)で造り酒屋を営んでいた小野家の住宅の一部「韮崎宿の豪商蔵座敷」が移設展示されています。ちなみに、この蔵座敷は、2014(平成26)年のNHK連続テレビ小説「花子とアン」の撮影に使用されました。

〒407-0004
山梨県韮崎市藤井町南下條786-3
TEL:0551-22-1696

開館時間:午前9時〜午後4時半(入館は午後4時まで)
休館日:休館日:月曜日・木曜日の午前中(祝日の場合は開館し、翌日が休館)・12月29日〜1月3日

入場料:無料

鉄道／JR中央本線 韮崎駅下車、徒歩約30分。
自動車／東京・大月方面から中央自動車道 一韮崎ICより昇仙峡ラインへ、約9分。

イベント情報／「にらみんで秋祭り」を10月に開催し、電気を使わない昔ながらの遊びを楽しむ時間を参加者の皆さんと共有。親子で来館し、かつ縄文時代の資料を目指してきたご家族には実物の縄文土器(ちなみに破片ではなく、復元まで終えたもの)を手にしてもらう機会をサプライズで提供することも。

韮崎市民俗資料館公式ブログ「にらみん」のお散歩日記

韮崎市民俗資料館 twitter

日本遺産「星降る中部高地の縄文世界」の一翼を担う<ruby>女夫石<rt>めおといし</rt></ruby><ruby>遺跡<rt>いせき</rt></ruby>の出土資料。

「にらみん」からは、富士山や鳳凰三山などの山々を見ることができます。

52 塔状把手土器
とうじょうとってどき

韮崎市　石之坪遺跡
にらさきし　いしのつぼいせき

縄文時代中期　器高39.6cm　口径20.0cm　把手含外縁径45.6cm

方向に正解はあるのか？
それが問題だ。

この土器は縄文時代中期につくられたもので、大きな四つの
巨大な把手がバランスよく付けられているのが特徴です。
穴のなかから逆さまになって発見されたもので、亡くなった
人の頭の上に被せたものでしょう。この人物が石之坪遺跡の
縄文村でどのような立場にあったのか考えてみたくなります。

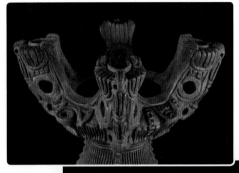

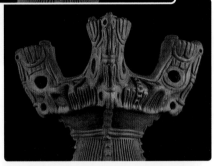

じっと見ていると、ヒト、いやオニ、いやいやカッパに見え
てこないですか？

把手がイノシシの頭なら、イノシシの頭を捧げた祭りの物語を土
器に封じ込めたのか？　それとも、あくまでも文様なのか？　どう
考えるのか、それは自由です。いや、そうあって欲しいです。

四つの把手なのに、小さなヘビの頭
みたいなのは三つ、縄文人は偶数と
奇数のどっちが好きなんでしょう？

The 被写界深度！

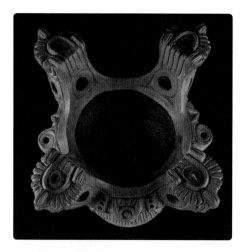
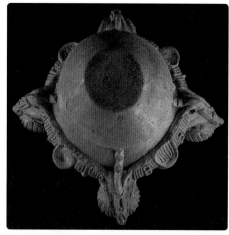

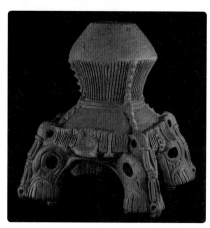

発見時と同様の逆さまにして改めて見てみると、把手がイノシシの頭に見えてくるのは気のせいでしょうか？ もしそうだとしたら、縄文人は逆さまになることをイメージしてこの土器をつくり上げたのでしょうか？ 答えは誰にもわかりません。一緒に、想像をすることを楽しもうではありませんか。

これでもかというまで、磨き上げられた器面。小さいころに習った「縄文土器はザラザラしている」にはこれっぽっちも当てはまりません。

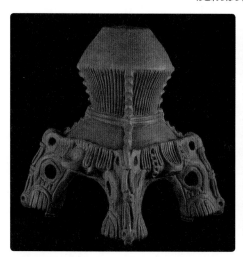
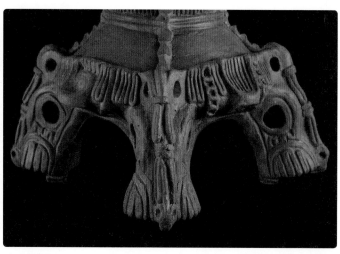

王冠のように見えてくるのは気のせいでしょうか？ 月面に降り立った月面観測機？ 答え合わせは、一生かければいいじゃないですか、だってこの土器5千歳、あなたは何歳？ あわてなくても大丈夫！

直感・想像を大切に、そして深みにはまったら、次は積み重ねられた研究に向き合い何度も観るのが大切。いずれ答えを導き出すには時間がかかるもの。ナゾ解きを一緒に楽しみませんか？

53 蛇体突起付深鉢

じゃたいとっきつきふかばち

特別登場！

甲州市　天神堂遺跡

こうしゅうし　てんじんどういせき

甲州市教育委員会所蔵（通常非公開）

縄文時代　器高43.2cm　口径17.7cm

縄文装飾、ここに結集！

非常に複雑な土器です。屈折底と屈折口辺を持つ双環装飾付土器ですが、さらにこれに蛇体把手付土器が融合しているのです。口辺部にある大突起は内向き双環装飾で、蛇頭装飾（？）の小突起と対峙します。屈折口辺には九兵衛尾根型文（人面と蛇頭腕とV字状の手を持つ腕の文様で人面は半球状に変化しています）が付きます。小突起外側にもこの文様の変化形が付いています。双環装飾の頂部は横向きの蛇体を思わせます。突起の各所に蛇体把手付土器に見られるように蛇体装飾が各所に付きます。これは、井戸尻式期の過剰装飾付土器で、個々の文様要素を分析するのに困難を極めます。

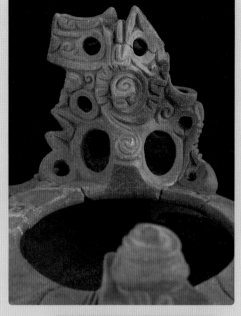

手前小把手の内側の蛇頭装飾（？）
（写真提供：小野正文）

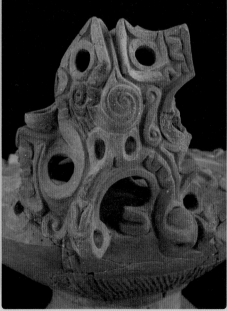

山梨県内の遺跡情報

ここは梅之木遺跡です。

この本で紹介した土器・土偶が出土した遺跡は以下の場所になります。

観音 p21-22 地図番号	遺跡名	住所
㉝	寺所第 2 遺跡	北杜市大泉町西井出 215 他
㉞	天神遺跡	北杜市大泉町西井出字天神
㉟	甲ッ原遺跡	北杜市大泉町西井出字和田・大林
㊱	竹字 1 遺跡	北杜市白州町白須 2849-1
㊲	酒呑場遺跡	北杜市長坂町長坂上条 621-2　他
㊳	原町農業高校前遺跡	北杜市長坂町渋沢 1007-19 外
㊴	海道前 C 遺跡	北杜市高根町箕輪 1369 外
㊵	津金御所前遺跡	北巨摩郡須玉町下津金字御所前 3022 番地
㊶	梅之木遺跡	北杜市明野町浅尾 5259-2285 地　他
㊷	平林遺跡	北杜市明野町上手
㊸	石之坪遺跡	韮崎市円野町上円井字石之坪 1520

㊹	北原 C 遺跡	南アルプス市曲輪田字北原
㊺	鋳物師屋遺跡	南アルプス市下市之瀬字〆木 1126-1
㊻	西原遺跡	笛吹市境川町三椚
㊼	前付遺跡	笛吹市境川町寺尾字蟹沢 1220 他
㊽	一の沢西遺跡	東八代郡境川村小黒坂字一の沢
㊾	後呂遺跡	甲府市右左口町字後呂　他
㊿	上野原	甲府市右左口町地内
51	上コブケ遺跡	山梨市北／南地内
52	金山遺跡	笛吹市一宮町国分寺字金山
53	天神堂遺跡	甲州市勝沼町下岩崎 2089　他
54	釈迦堂遺跡	笛吹市一宮町千米寺・甲州市勝沼町藤井
55	中丸遺跡	笛吹市御坂町上黒駒
56	桂野遺跡	笛吹市御坂町大字上黒駒字桂野大道上 1901 外
57	安道寺遺跡	甲州市塩山下粟生野 1425-2　他
58	重郎原遺跡	甲州市塩山中萩原 1311　他
59	殿林遺跡	塩山市上萩原字殿林 208-4　他
60	花鳥山遺跡	笛吹市八代町竹居 5051

JOMON 長野

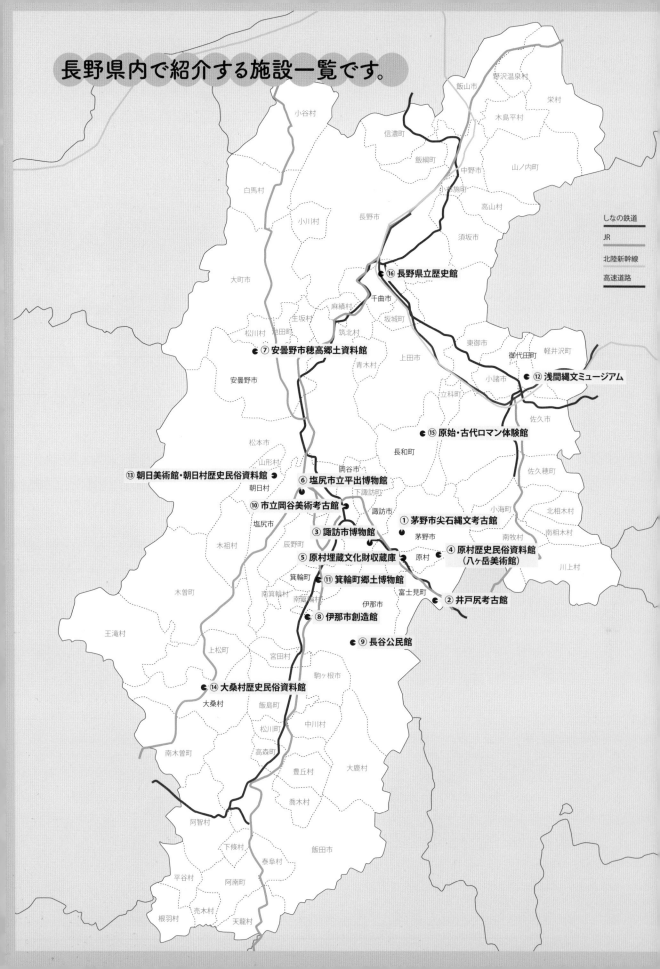

長野県内で紹介する施設一覧です。

しなの鉄道
JR
北陸新幹線
高速道路

⑯ 長野県立歴史館

⑦ 安曇野市穂高郷土資料館

⑫ 浅間縄文ミュージアム

⑮ 原始・古代ロマン体験館

⑬ 朝日美術館・朝日村歴史民俗資料館

⑥ 塩尻市立平出博物館

⑩ 市立岡谷美術考古館

① 茅野市尖石縄文考古館

③ 諏訪市博物館

④ 原村歴史民俗資料館
（八ヶ岳美術館）

⑤ 原村埋蔵文化財収蔵庫

⑪ 箕輪町郷土博物館

② 井戸尻考古館

⑧ 伊那市創造館

⑨ 長谷公民館

⑭ 大桑村歴史民俗資料館

❶ 茅野市尖石縄文考古館
Togariishi Museum of Jomon Archaeology

縄文造形の頂点、
国宝「土偶」をご覧あれ。

「縄文のビーナス」を展示している博物館、それがこの茅野市尖石縄文考古館です。

八ヶ岳のすそ野、傾斜も緩やかな標高1000mほどの場所に当館はあります。館の周りは全国にたったの63か所しか指定されていない特別史跡の尖石石器時代遺跡であり、館の内外で縄文文化を味わうことができます。

当館の目玉は何と言っても国宝です。縄文時代の国宝第1号の「縄文のビーナス」、そして国宝に指定される前から、その存在を知らずに当館を訪れたお客様の多くに「あのスゴイ土偶はなんですか？」と驚嘆せしめた「仮面の女神」、製作年代が違うこの2体が放つ縄文造形の頂点をじっくりとご覧いただきたいと思います。

その土偶に決して劣ることのない多様な、そして念入りに仕上げられた土器も迫力十分。「は虫類っぽい生き物」をダイナミックに表現した土器、イノシシをかわいらしく表現した土器、三角形や長方形や台形や果ては五角形まですき間なくびっしりと表面に描いた土器など、卓越した縄文の土器造形をおなかいっぱい味わえます。かと思えば、タレ目のお顔が表現された土器やどうにも「下手な土器」など、縄文時代の人々を少し身近に感じることのできる土器も必見。

〒391-0213
長野県茅野市豊平4734-132
TEL:0266-76-2270　FAX:0266-76-2700
mail:togariishi.m@city.chino.lg.jp
https://www.city.chino.lg.jp/site/togariishi/1798.html

開館時間：午前9時〜午後5時（入館は午後4時半まで）
休館日：月曜日・祝日の翌日・年末年始（12月29日〜1月3日）
祝日の翌日が休館（翌日が休日、土曜・日曜の場合を除く）
※臨時開館の場合もあり

大人：一般500円、団体400円
高校生：一般300円、団体200円
小・中学生：一般200円、団体150円
※団体料金は20名以上。

鉄道／JR中央本線茅野駅下車、「メルヘン街道バス」または「奥蓼科・渋の湯線バス」で20分。
自動車／中央自動車道諏訪南インターチェンジより約25分、諏訪インターチェンジより約25分。

この館の2大スターの国宝「土偶」がどっしり構えている展示室Bは、国宝「土偶」を全方位からじっくりとご覧いただけます。背中や側面や斜め後ろからじゃないと気が付かないような、細部までこだわった造形をぜひご覧ください。

茅野市内の縄文時代の遺跡から出土した土器、石器、装飾品、炭化した食品など2000点を陳列した展示室C。八ヶ岳西南麓の土器造形をこれでもかと堪能できます。

この博物館があるのは、縄文時代の集落の構造をいち早く提示した尖石遺跡の一角です。展示室Aでは、国特別史跡にも指定されている尖石遺跡からの出土資料と尖石遺跡の調査の歴史を知ることができます。

周囲は国指定特別史跡尖石遺跡で、その一角の与助尾根地区には同時存在していた可能性のある竪穴住居を復元しています。縄文時代の村の雰囲気を味わえます。

① 蛇体把手付深鉢形土器

茅野市　中ッ原遺跡

縄文時代中期中葉　器高25.2㎝　口径19.7㎝　底径9.1㎝　長野県宝

迫るヘビ

「仮面の女神」が出土した中ッ原遺跡から出土した蛇体装飾のある土器。蛇体装飾はとぐろを2回巻いて頭部をひときわ大きくつくっており、数ある蛇体装飾や蛇体把手のなかでも個性的な表現で、そして圧倒的な迫力で迫ってきます。一方、胴部は多くの蛇体装飾のある土器や蛇体把手付土器と同じく、縄文を縦位に施文しています。

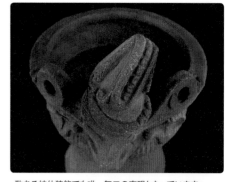

数ある蛇体装飾でも唯一無二の表現となっています。

蛇体装飾の脇には環状の装飾と「＋」字状の文様があります。

蛇体装飾の反対側から見ると、正面とは違った蛇体装飾が見えます。

もはやゴジラのような架空のバケモンのようにすら見えてきます。

斜めに突き出た蛇体装飾が存在感を放ちます。

この蛇体装飾、根元を見るととぐろを巻いています。

どの角度から見ても、この蛇体装飾は迫力がすごい。

② 深鉢形土器（埋甕）
茅野市　棚畑遺跡

縄文時代中期後葉　器高65.0㎝　口径44.8㎝　底径27.4㎝　長野県宝

スゴイ土器

高さ65cmもある大形の土器。専門家は「梨久保B式」と呼ぶタイプ（縄文時代中期後葉）で、そのタイプでは最も優れた造形を誇る事例の筆頭と言えます。段をつけたフォルム、そして表面に何本もの細く伸ばした粘土を等間隔に張り付けた文様は、製作者のこの土器に対する尋常じゃない執念のようなものを感じさせます。国宝「土偶」（縄文のビーナス）と同じ棚畑遺跡から出土しましたが、竪穴住居の床面にこの土器が入るだけの穴を掘り、そこに埋設したいわゆる埋甕（遺体を埋葬のために収容する土器）です。底部は意図的に壊したと思われます。

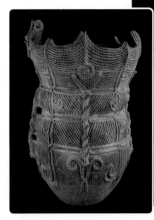

正面から90度側面には、やはり「ねじりマフラー」のような太い盛り上がった立体の文様があります。そして、正面の「ねじりマフラー」と土器本体の間に孔（あな）のような空間がつくられていることにも気が付きます。

その正面の突起に近づいて見ると、この突起にだけ施された装飾があるのがわかります。

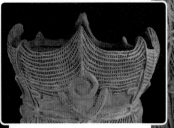

口縁部の輪郭に平行して細く伸ばした粘土を何本も張り付けています。同じタイプの土器を見ても、ここまでしっかり張り付いたまま残存しているのは大変珍しいです。

「ねじりマフラー」に注目すると、下にはカールした隆帯（盛り上がった文様）がふたつ左右両側に、そして上にはV字の隆帯と渦巻の隆帯があります。何か思わせぶりな文様ではないですか？

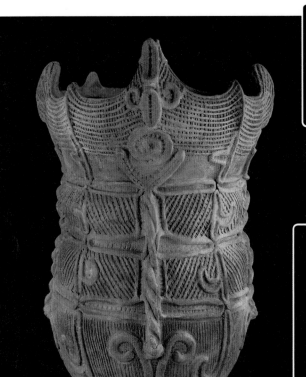

土器の上のふち（口縁部）に飛び出方の程度に差がある突起がありますが、そのなかでも一番高く伸びている突起が土器正面ではないでしょうか。その正面には、「ねじりマフラー」のような太い盛り上がった表現が縦に走っています。

「ねじりマフラー」と「ねじりマフラー」の間の文様もそれぞれ微妙に異なっています。

正面の口縁部の突起の立体装飾を横から見ると、正面からは見えない造形が施されています。何度見ても新たな発見のある土器です。

台付深鉢形土器
だいつきふかばちがたどき

茅野市　勝山遺跡
ちのし　かつやまいせき

縄文時代中期中葉　器高25.2cm　口径24.5cm　底径12.2cm　長野県宝

「把手のような造形」は実は
把手のようには持てないのです。

台だけじゃなく、双環（穴が二つ連結していること）の把手状の立体装飾（突起）、そしてまるでマグカップの取っ手のような造形もある、いくらでも見ていられる土器。土器本体もくびれのあるフォルムや土器表面に隙間なく施された文様が見る人を飽きさせない逸品です。なお、台の部分はほとんどが欠損していたため想定復元をしています。

横から見ると、「マグカップの把手」という表現にも納得。しかし、土器口縁部には環状の立体装飾が付けられています。それだけでなく表面に隙間なく文様も施されており、この土器もまた製作者の並々ならぬ集中力を感じさせます。土器中央のくびれ部の上は、八ヶ岳山麓の縄文時代中期の土器によく見られる造形がびっしり付いています。

今となっては意味を解読することはできませんが、当時の人々にはおそらく大きな意味があったであろう文様。上下に波打つようなラインは同時期の土器にはあまり見ることがない珍しい文様です。

この土器の際立った特徴は、マグカップの把手のような造形があることです。把手部分は、やや曲がった造形もさることながら、土器本体と共通した文様がびっしりと施されています。

八ヶ岳山麓に特有の中空の双環状の立体装飾。

「マグカップの把手」のような造形の反対側から見ると、「マグカップの把手」の上部が双環状の中空の立体装飾になっていることがわかります。どこから見ても、面白い造形の土器です。

どの角度から見ても、「把手」、くびれのあるフォルム、環状の装飾、土器表面に深く刻まれた文様、その全てが丹精込めてつくり上げられたことがわかります。

④ 双口土器
茅野市　一ノ瀬遺跡

縄文時代中期後葉　器高21.4cm　口径25.4cm　底径15.2cm　長野県宝

合体しました。

「双口」と当館でもキャプションを掲示していますが、多くの「双口」土器と異なり、下半部で通じているのではなく、まさに二つの土器が「合体」した土器。合体した二つの土器は、ともに無文の口縁部、水平方向に付けられた隆帯（粘土紐を貼り付けたもの）、そして下半部の平行するまっすぐな沈線（線を彫った文様）と蛇行する沈線と縄文と、文様も全くと言っていいほど同じです。

横から見ると、まるで1個の普通の土器ですね。

斜め上から見ると、この土器の合体造形の巧みさがより味わえます。

二つの土器が合体した、としか言いようのない形…　大きさ、形、文様、どれもほとんど同じであって、数ある縄文土器の中でも非常に珍しいものです。

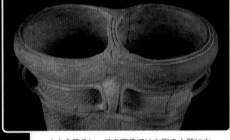

上から見ると、この画像では右側の土器に左側の土器を後から付けたように感じられる、口縁部の丸みが見えます。

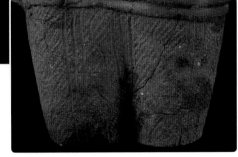

下半部の表面を見ても、接合部はなめらかで文様も全く同じように施されています。多くの「双口土器」ではこの下半部〜底部で内部が通じていますが、この土器は通じていない。不思議な土器です。

5 有孔鍔付土器
（ゆうこうつばつきどき）

茅野市 長峯遺跡
（ちのし ながみねいせき）

縄文時代中期中葉　器高42.0㎝　口径36.0㎝　底径22.5㎝　長野県宝

遠目に造形を、
近くで彩色を見てください。

口縁部が平らにつくられ、口縁のすぐ下に小さい孔（あな）をおおむね等間隔に貫通させ、その孔の下にぐるりと一周飛び出た造形がある…「孔が有ってその下に飛び出ている部分を鍔に見立てた土器」＝有孔鍔付土器です。茅野市内でも最大と言っていい集落遺跡である長峯遺跡から出土しました。ユニークな三段重ね状で、人面のようにも見えてしまう造形にも目を瞠るものがありますが、近付いて見ると、表面の一部に黒と赤の塗料が残っていることがわかり、もう一度感心してしまいます。

「正面」に対して斜めから見ると、「正面」と「側面」とで「目」の部分を共有している文様構成がよくわかります。

「正面」から90度の側面。「目」が側面にも回り込んでいて、ここから見てもやっぱり人面のように感じてしまいます。ただ、「目」と「目」の間に外側に張り出した環状の突起がつくられていて、「正面」とは少し違って見えるのではないでしょうか。

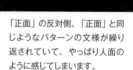

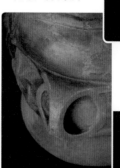

「正面」の反対側。「正面」と同じようなパターンの文様が繰り返されていて、やっぱり人面のように感じてしまいます。

この面から見ると、三段重ねの下から三段目が「目」のように見えてしまいます。向かって右の「目」のようなところの内側の一部と、左右の「目」と「目」の間に黒や赤の塗料が残っているのが、近付くとわかります。

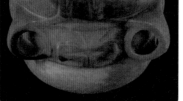

三段重ねの下から二段目の造形は外側に張り出す中空の造形となっています。

6 区画文土器

茅野市　下ノ原遺跡

縄文時代中期中葉　器高32.5㎝　口径27.7㎝　底径12.8㎝　長野県宝

この文様、
意味がないわけありません！

土器表面を幾何学的な文様でびっしりと埋めた土器。口縁部は環状の立体装飾が外側に張り出す形で四つ付けられています。それら文様や立体装飾を見ると、さまざまな生き物をモチーフにしたように思わせ、想像力を刺激します。下ノ原遺跡のある竪穴住居の床面に別のもう一つの土器と並んでつぶれた状態で発掘されました。それはまるでこの土器を使っていた当時の人がこの土器を大切に床面に立てて置いたような印象を与える出土状況でした。今の私たちが見ても素晴らしい出来に感じるこの土器、縄文時代の人々も大切にしていたのでは、と思わずにはいられません。

このヘビをモチーフにしたと思われる文様は、胴部に三か所あります。それらの間を、区画文が隙間なくびっしりと埋めています。

胴部に見える数字の「9」を鏡文字にしたような文様は、ヘビをモチーフにしたように思えます。その抽象文の内部には玉抱き三叉文（丸とみつまたがセットになっている装飾）があります。

縄文時代の夜、竪穴住居のなか、揺らめく囲炉裏の炎を光源にこの土器を見たとすれば、こんな感じだったでしょうか。ますます土器そのものが生きているかのようです。

口縁部の環状の立体装飾の間に付けられた、この装飾も、見る角度によっては何かの「目」のように見えてしまう、と言う人もいるでしょう。

土器そのものにあふれる躍動感を感じる、深く刻み込まれた胴部の文様、そして口縁部の立体装飾。

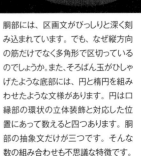

胴部には、区画文がびっしりと深く刻み込まれています。でも、なぜ縦方向の筋だけでなく多角形で区切っているのでしょうか。また、そろばん玉がひしゃげたような底部には、円と楕円を組み合わせたような文様があります。円は口縁部の環状の立体装飾と対応した位置にあって数えると四つあります。胴部の抽象文だけが三つです。そんな数の組み合わせも不思議な特徴です。

口縁部の環状の立体装飾は、胴部の抽象文が三つなのに対して四つあります。いずれも蛇体を思わせる造形と文様です。

斜め上から見ても、その迫力は変わりません。

7

土偶（縄文のビーナス）

茅野市　棚畑遺跡

縄文時代中期　高さ27.0cm　国宝

国宝第1号です。夢は遮光器土偶よりも有名になることです。

多くの方に親しまれている土偶。高さ27cm、重さ2.14kg、1986(昭和61)年に棚畑遺跡から出土しました。国宝指定は1995(平成7)年で縄文時代の国宝としては第1号です。

頭部右側面の文様から、縄文時代中期に製作されたと考えられます。縄文時代中期の八ヶ岳山麓周辺から出土する土偶の多くが壊れているのですが、この土偶はほぼ完全な形を保って出土しており、壊す意図が感じられません。そうした出土状況から、縄文時代中期当時も大切に扱われた土偶であると考えたくなります。

土偶そのものの造形を見ると、女性らしさを感じさせる丸みを帯びたデザイン、そして妊婦だと思わずにはいられないふくらんだおなかが際立っています。また、平たい円筒状の頭部には文様が複雑に念入りに施されています。頭のてっぺんから足まで、全く手抜きのない優れた造形で縄文時代中期の逸品だと断言できます。

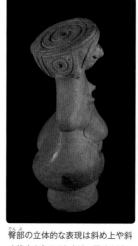

臀部の立体的な表現は斜め上や斜め後方からみるとより一層分かりやすい。デフォルメされたデザインながら、こうしたアングルから見たときには写実的な女性表現だと思わずにはいられません。

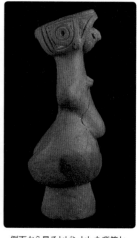

側面から見るとピンとした背筋と後方に大きく張り出す臀部がじっくりと観察できます。このピンとした背筋から後方に張り出す臀部の造形は、背中側から手に持つとき手のひらによくフィットします。つまり、「背中側から持つ」動作を想定してつくったということではないでしょうか。

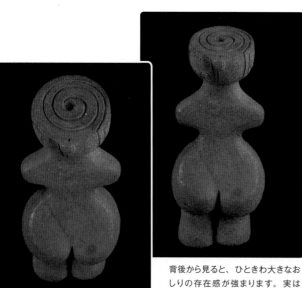

頭頂部に二週半するうずまきがあります。うずまきは右後頭部に垂下していきます。こうしたところにも作り手の手抜かりのないこだわりを感じます。

背後から見ると、ひときわ大きなおしりの存在感が強まります。実は1998年のパリでの展覧会の図録でもこの背後からのアングルが収録されています。

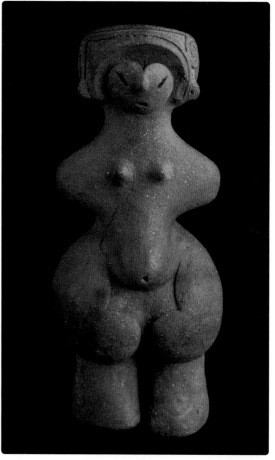

丸みを帯びた腰、なで肩のような腕と、女性であることが一目で伝わるフォルム。左右のバランスの取れた造形も素晴らしい。

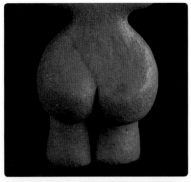

臀部。ハート形をさかさまにしたように見えます。
近付くと、表面の丁寧な磨きもわかります。

左手側から見ると、右足が若干前に出ていることがわかります。もしかしたら、動きを表現したのかもしれないですね。

斜め前から見ると、正面よりも全体の雰囲気がよく感じられます。

頭部の模様は、この写真で示した左側と、反対の右側、そして後頭部とぐるりと一周するようにご覧ください。実は意外な文様同士が繋がっているのです。

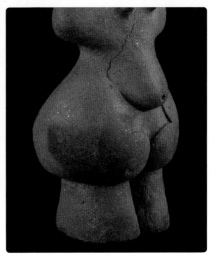

ふくらんだおなかはどうしても妊婦を思わせます。医学が経験知に頼らざるを得ない時代ゆえに、安産祈願をこの像に願った、という仮説は確かに一定の説得力を持つと思います。栄養状態の良し悪しも考慮すると、妊娠祈願ということとも想定したくなります。

8

指頭圧痕樽型土器
しとうあっこんたるがたどき

茅野市　棚畑遺跡
ちのし　たなばたけいせき

縄文時代中期中葉　器高61.5㎝　口径52.3㎝　底径22.0㎝

デカい。だけじゃない、
東関東北関東の交流を示す土器

波状口縁、楕円形の区画文、角押文など、縄文時代中期に流
はじょうこうえん　　　　　くかくもん　　かくおしもん
行した造形や文様を持つ土器。興味深いのは、大きな波状口
縁に加えて、器面の「指頭圧痕」(粘土を積み上げる輪積み
による土器づくりの際に重ねた輪積みの境を完全にならすの
ではなく、ならし切らずに文様のように残したもの)で、東
関東〜北関東地方で流行した阿玉台式土器によく見られる特
　　　　　　　　　　　　　あたまだいしきどき
徴です。一方、樽のような形は五領ヶ台式土器の特徴と言え
　　　　　　　　　　　　ごりょうがだいしきどき
ます。高さ61cmの大型の土器で、器壁も厚くつくられていて、
見た目以上に重く感じます。この大きさと重さ、土器づくり
に男性が関与することもあったかもしれないと思わせます。

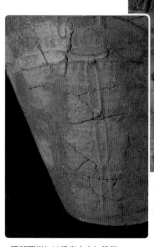

土器表面にはいわゆる輪積み
単位間の整形を文様のように
残していることがうかがえます
(指頭圧痕)。この整形技術
は東関東で流行していた阿玉
台式土器によく見られる特徴
で、縄文時代の交流をよく示
します。

胴部下半には垂直方向に隆帯
が付けられます。また、輪積
み単位間の整形を文様のよう
に残した指頭圧痕がはっきり
と見えます。

阿玉台式の特徴を感じさせる波状口縁と、五領ヶ台式土器の終末段階の特徴
と言える樽型の胴部が、土器本体の大きさもあって迫力を感じさせます。

表面の横長の楕円形区画文
は、隆帯による区画に沿って
角押文があることや楕円形中
央の長軸方向にも角押文があ
るのは阿玉台式の特徴だと言
えます。

9 蛙文有孔鍔付土器
かえるもんゆうこうつばつきどき

茅野市　茅野和田遺跡
ちのし　ちのわだいせき

縄文時代中期中葉　器高34.0㎝　口径21.5㎝　底径17.8㎝

蛙文はカエルなのか？

110頁、長野No.5の土器と同様、典型的な有孔鍔付土器の一つです。有孔鍔付土器には生き物を思わせる装飾が施されていたり、彩色されているなどのちょっと変わった装飾が施されることが多いようです。この土器、「カエル」なのかどうなのか、断定断言はできませんし、すべきではありません。とは言うものの、確かに上半部と下半部を分かつ段のところに付けられた環状の立体装飾を正面から見ると、生き物を表現したように感じられるのも確かです。

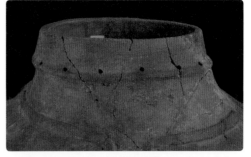

口縁部に孔があって、その下に鍔に見立てられる突起がぐるっと一周付いています。その「鍔」の下は、よく見ると黒色に塗装されていたことがわかります。

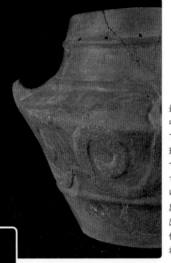

最大径を測る胴部中央部は張り出しているだけでなく環状の装飾が四つ付けられています。そしてその張り出し部から上は黒く塗られ、張り出し部から下に立体的に文様が施されています。

このアングルから見ると、双環状（穴が二つ連結していること）の立体装飾とそこから下方に走る盛り上がった文様が躍動する生き物のように感じる、と言う人もいることでしょう。

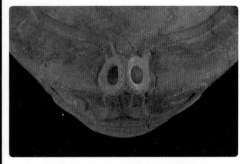

中期中葉の土器に多く見られる双環状の立体装飾です。

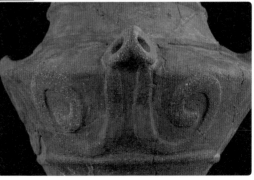

「蛙文」、これが何を示したものなのか、それは私たち現代の人間には知るよしもありません。

抽象文深鉢形土器

茅野市　梨ノ木遺跡

縄文時代中期中葉　器高22.9cm　口径34.8cm　底径25.2cm

「は虫類」に見えて仕方がない、でも区画文にも注目。

この土器の最大の見せ場はトカゲ？　それともヘビ？　が壁を這うかの如く表現された文様。いわゆる「抽象文」…なのに、見た人全てが「トカゲだ！」「ヘビ？　あ、いやトカゲ…ツチノコだ！」と口にしてしまうほど、ものすごく具体的な「は虫類」を思わせます（実はその「抽象文」以外の区画文にも見せ場があります）。こんな具体的な文様を見ると、もしかしたら夜な夜なおばあちゃんから孫へ「ヘビには気をつけろ」ということを物語仕立てで聞かせていたのかも？　なんて妄想したくなります。

抽象文は頭部が右側で尾部が左側になるよう、弧を描くように二か所に付けられています。

抽象文を横から見ると、どうも内部は空洞になっているようです。

「家」のように見える区画文に対して、抽象文を挟んで反対側に描かれた区画文は、三角形の底辺がずれて矢印のようになっています。しかも、三角形の頂点に丸が追加されています。

中央の抽象文を中心にして、三角形と長方形の区画文が施されています。抽象文を見ると、まるで壁を這うヘビ、あるいは壁にへばりついたトカゲやヤモリのように、「具体的な」生き物に見えて仕方がありません。

抽象文と抽象文の間の区画文を見ると、三角形と長方形があり、ある部分では三角形の底辺と長方形の長い辺が共有されて、「サザエさん」のエンディングテーマのラストの家のような形になっています。

「正面」とは反対側の抽象文。頭部と尾部と弧の描き方がまるでそっくりです。

11 土偶装飾付土器
茅野市　梨ノ木遺跡

縄文時代中期中葉　器高23.8㎝　口径20.4㎝　底径10.5㎝　長野県宝

逆三角形の上半身と引き締まった臀部をご覧あれ。

頭部こそ欠けていますが、その人体表現から「土偶装飾付土器」と呼んでいます。土器表面に立体的に施された肩から下だけを見ることができます。その人体表現は肩幅が広く逆三角形のアスリートのような上半身と引きしまった臀部、そしてすらりと伸びる脚からなり、例えば国宝「土偶」（縄文のビーナス）とは大きく異なる表現となっています。しかし、「僧帽筋」のような部分の表現や一本筋の入った逆三角形の背中を見ると、山梨県の上黒駒出土の土偶にとてもよく似ている表現だということもわかります。

幅広の肩からは、首側に「僧帽筋」のように伸びる部分と土器側面に腕のように伸びる部分があります。

腕の部分の先には、同じような文様がそのまま繰り返されます。

このアングルから見ると、臀部がプリッと外側に盛り上っているのがわかります。

この土器の最大の特徴である人体表現。肩幅が広い逆三角形の上半身と、すらりとした下半身が見えます。

人体の左側から見ても、引き締まった筋肉質な臀部と肩から伸びる腕がよく見えます。

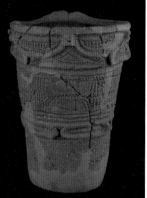

人体表現の反対側。これだけ見ると、普通の土器です。

12 貝殻状装飾付深鉢形土器

茅野市　丸山遺跡

縄文時代前期末　器高22.0㎝　口径25.5㎝　底径10.4㎝

なぜこんな立体装飾を付けたのだろう。

私たちからすれば、過剰な装飾に思われる土器です。口縁部は底部よりもかなり広口につくられていて、その口縁部に貝殻ともキノコとも蝶とも思えるような楕円形の装飾がびっしりと付けられています。その口縁部にばかり目が行きますが、実は胴部も幾筋もの沈線（線を彫った文様）が施され、その沈線の重なるところに円形に粘土が追加で付けられています。これもまた手の込んだ付加文様だと言えるでしょう。

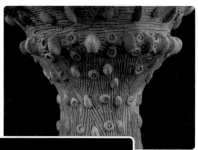

胴部にもたくさんの粘土の付加文様があります。

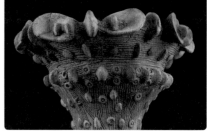

胴部がくびれて口縁部へと広がる部分にも、立体装飾が付けられています。

口縁部の楕円形は2個1組になっています。

口縁部の楕円形の装飾に目を奪われます。

沈線が交錯するところに付加文様があります。

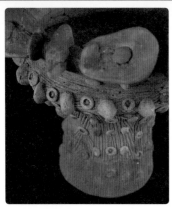

楕円形の端部と中央には、「何か」を示すであろう部品が追加されてます。

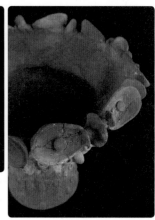

私たちからすれば使いにくそうな装飾ですが、これをつくり使った人たちには欠かすことのできない装飾だったのかもしれません。

118

13 抽象絵画文深鉢形土器

富士見町　徳久利遺跡

縄文時代中期中葉　器高44.5cm　口径26.8cm　底径18.9cm　長野県宝

意味ありげな文様が
びっしりと刻まれた土器

大形で肉厚につくられた深鉢形の土器です。下半部の筒状の胴部には生き物をモチーフにしたような渦巻きが見られ、渦巻きと渦巻きの間に区画文が隙間なく描かれています。上半部にも区画文が施されますが、それらは環状の立体装飾と組み合わさったような形になっています。口縁部は文様がないものの表面が磨き上げられたような肌理をしています。そして中空の突起が一つ付けられています。

つい「カエル」か「虫」か、と連想してしまう双環状（穴が二つ連結していること）の立体装飾。

磨き上げられた口縁部以外はびっしりと区画文が表面を覆いつくします。

下半部の表面は被熱しており、この土器が火にかけられたことがわかります。

中空の突起を正面にすると、下半部に生き物をモチーフにしたような渦巻き、突起の真下に突起から連続するかたちで双環状の装飾があり、やはり何か生き物のように感じさせます。

正面の反対側にも生き物をモチーフにしたような渦巻きがあります。

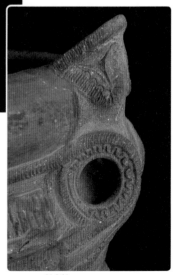

突起には三叉文（鋭い三角形の刻み）が左右両面に施されています。

縄文土器：先史時代の創造性の記念物

サイモン・ケイナー
Simon Kaner

縄文土器は、先史時代の偉大な創造的伝統の一つです。縄文土器に示された土器づくりの技術と、縄文時代の長い期間に生み出された多種多様なデザインや形は、名もなき土器作家——今日では間違いなく最高の陶芸家でしょう——の活気に満ちた想像力を物語っています。彼らは約1万6000年前の氷河期末期から約1万3000年後の最初の稲作民と金属利用者の到来まで、日本列島のあちこちにいたのです。私たちは彼らの名前も、彼らが作品に付けたであろう呼び名も知ることはできませんが、彼らは現代人と全く変わらない認知能力、言語を持っていたことがうかがえます。

考古学により、縄文土器づくりの伝統を生み出した先史時代の生活を垣間見ることができます。日本全国で活躍する考古学者の努力のおかげで、それらの土器がつくられたムラ、土器で調理した食べ物、それらをつくって使用した人々の生活史、そして土器——鍋であれ土偶であれ——が複雑な世界観にどのように適合していたのか、深く理解することができます。縄文土器は、アメリカのエドワード・シルベスター・モースが東京湾の大森貝塚の調査の際に縄目模様の土器を認めて、縄文土器と名付けてから、まもなく150周年を迎えます。

2021年、ユネスコは東北北部と北海道南部の17の縄文遺跡を世界遺産に登録し、縄文人の卓越した普遍的価値を認めました。これらの遺跡は、その長い歴史を通じて人類の最も優れた世界遺産に加えられたのです。2022年、私たちはユーラシア大陸で日本の反対側にあるイギリス南部のストーンヘンジの偉大なストーンサークルの先史時代の世界遺産で、縄文人の伝統の諸側面を紹介する予定です。

展示ではとりわけ秋田県の大湯や伊勢堂岱、青森県の駒木野などの縄文ストーンサークルを多様な海外からの観覧者に紹介します。このストーンヘンジには2019年、世界中から150万人が訪れています。もちろん、ストーンヘンジを構築した新石器時代の人々と日本の縄文人との直接的な接触はありません。しかし、ほぼ同じころ、二つの古代社会において金属工具または機械の助けなしに、膨大な時間を要したであろう大きな記念物が構築されたことは注目に値します。同様に興味深いのは、両国のストーンサークルの向きと夏至・冬至の日の出と日の入りの関係で示される暦観測に対する共通の関心です。どちらの社会も記念物によって世界、宇宙、そして歴史のなかで自分たちをどのように位置づけていたのかについて重要な意思表示をしているのです。私にとって、ストーンヘンジや英国の他の巨大なストーンサークルを訪ねるのは常に素晴らしいことです。日本の読者が、この機会に縄文人の記念物との類似点とその意味を自分自身のために考えてくれることを願っています。

「縄文日本」は多くの地域社会から構成されていて、津軽海峡周辺に形成されたものはその一例に過ぎないことがわかっています。もう一つの大変重要なまとまりは、本州の中心部、富士山の見える八ヶ岳山麓で、もっとも優美な縄文の造形であり、山梨県と長野県の博物館、美術館を彩っています。別のまとまりは信濃川にあり、精巧な火炎土器——その一つはストーンヘンジで展示する予定——を生んでいます。これらの縄文時代の地域社会は、全て縄文土器流行の最新動向に関するアイデアや情報を確実に伝える長距離間ネットワークで繋がっていて、国際的な注目に値するものであり、人類の多様な創造性の証です。

モースにとって、縄文土器をつくった人々は、現代日本人の祖先として関心のある対象でした。先史時代と現代の日本列島にくらす人々との関係は、多くの学術的、あるいは一般の議論を引き起こし続けています。一方で、縄文土器のインスピレーションは現代の国境を越え、人間であることの意味について深い洞察を提供します。人間の行動によって悪化する、気候と広範な環境変化がもたらす脅威に対し大きな不安のあるこの時代に、縄文土器を生み出した古代社会の研究は、人間の長い目で見た回復力に関する示唆を提供するものとして、私たちが共有する未来に非常に必要とされる希望を提供することでしょう。

（セインズベリー日本藝術研究所　所長）

❷ 井戸尻考古館
Idojiri Archaeological Museum

おらあとう（俺たち）の井戸尻考古館

　ゆったりと裾野を流す、八ヶ岳。その南の麓に井戸尻考古館があります。周辺３㎞四方くらいの範囲には、国史跡の井戸尻遺跡をはじめ、曽利遺跡、藤内遺跡、九兵衛尾根遺跡など、縄文時代中期の有名な遺跡が集中しており、「井戸尻遺跡群」と呼ばれています。

　井戸尻遺跡の最初の発掘調査は1958（昭和33）年。すぐに「井戸尻遺跡保存会」が結成され、周辺の遺跡の調査と研究を進めます。「おらあとう（俺たち）のムラの歴史は、おらあとうの手で明らかに」という地元の農家の人や学生の熱意のもとで行なわれたものでした。井戸尻考古館ではこれまで、この井戸尻遺跡群の発掘調査を通して、さまざまな独創的な研究を行ってきました。代表的なものが「縄文農耕論」と「縄文図像論」です。遺跡の発掘調査をし、出土したたくさんの石器や土器を研究することで、この地方の縄文人たちのくらしぶりを解き明かそうとしてきました。山梨県・長野県の土器はどれも素晴らしいのですが「土器を見るなら、井戸尻へ」と言われるほど、井戸尻考古館にもたくさんの素晴らしい縄文土器が展示されています。ぜひ一度、お越しください。

〒399-0101
長野県諏訪郡富士見町境7053
TEL:0266-64-2044　FAX:0266-64-2787
https://userweb.alles.or.jp/fujimi/idojiri.html

開館時間:午前9時〜午後5時
休館日:月曜日・祝日の翌日・年末年始・祝日は開館
（祝日が月曜日の場合は開館、その翌日が休館）

大人（高校生以上）:一般300円、団体240円
小人（小・中学生）:一般150円、団体120円
※団体料金は20名以上、
　富士見町歴史民俗資料館と共通。
※八十二文化財団提携および道の駅「信州蔦木宿」との相互
利用割引は団体料金と同じ。

鉄道／ＪＲ中央本線 信濃境駅下車、徒歩15分。
自動車／中央自動車道 小淵沢ICより信濃境方面へ6Km、約15分。国道20号線 上蔦木信号より信濃境方面へ2Km上る、約5分。

遠くに富士山、目の前には甲斐駒ヶ岳や鳳凰三山など南アルプスの山並み。縄文人も見ていた風景でしょうか。

たくさんの土器が並ぶ井戸尻考古館の展示室。お気に入りを探してみてください。

日本を代表する縄文土器に出会えます。

井戸尻遺跡の復元住居。いつでもなかに入れます。

住居を長持ちさせるため、煙でいぶす「燻蒸」作業中です。虫やカビも防ぐことができます。

展示室の復元住居。遺跡にある住居と違うところがありますよ。それはどこでしょう？

「井戸尻の泉」。遥か縄文時代から、人々の生活を、心を、潤し続けてきたのです。

14 蛇文蒸器形土器

富士見町　曽利遺跡（第48号住居跡）

縄文時代中期中葉　器高37.7cm　口径26.0cm

上からも眺めてほしい

曽利遺跡の48号住居跡から出土しました。ふっくら丸い底がくびれてまっすぐ立ちあがり、「く」字形に強く折れる肩、そしてピッと立つ口縁と、緊張感の漂う土器です。文様も細やかで、同じような形の土器のなかでも「これ以上ない」と思わせる作品ですね。その形から蒸器のように使われた可能性も考えられています。

真上から見るようにつくられているのではないでしょうか？

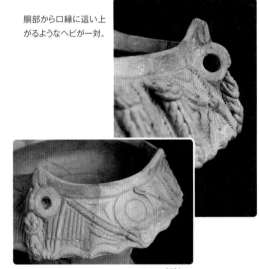

胴部から口縁に這い上がるようなヘビが一対。

傘のように張り出した肩には細かな文様。円文（円形の文様）や三叉文（鋭い三角形の刻み）にスキは無し！

ふっくら丸みを帯びた底。このタイプの土器に特徴的な「櫛」のような文様が見られます。

15 水煙渦巻文深鉢
<ruby>水<rt>すい</rt></ruby><ruby>煙<rt>えん</rt></ruby><ruby>渦<rt>うず</rt></ruby><ruby>巻<rt>まき</rt></ruby><ruby>文<rt>もん</rt></ruby><ruby>深<rt>ふか</rt></ruby><ruby>鉢<rt>ばち</rt></ruby>

<ruby>富士見町<rt>ふじみまち</rt></ruby>　<ruby>曽利遺跡<rt>そりいせき</rt></ruby>（第4号住居跡）

縄文時代中期中葉　器高43.3㎝　口径37.5㎝　長野県宝

元祖 水煙文土器

渦巻きで飾られた、大きな二つの造形が印象的な土器。山梨県・長野県を中心に広がる水煙文（<ruby>水煙文<rt>すいえんもん</rt></ruby>）という土器の呼び名は、この土器から始まりました。「元祖 水煙文土器」です。縄文土器の図録や資料集によく取り上げられ、縄文土器の代表格と言ってもいいでしょう。1972（昭和47）年には郵便はがき（当時10円）の両額印面のデザインにも採用され、日本中に知られるようになりました。井戸尻考古館の一番有名な土器で、毎年、全国各地の博物館に貸し出されます。

左右の大きさが違うところがミソ。縄文人はわざと左右のバランスを変えてつくることがよくあるのです。それがまた美しいのですが。

考古学者藤森栄一（<ruby>藤森栄一<rt>ふじもりえいいち</rt></ruby>）さんが、水煙渦巻文と名付けました。滝つぼに湧き上がる水煙（<ruby>水煙<rt>みずけむり</rt></ruby>）をイメージしたのかもしれませんが、はたしてそうでしょうか。

左右の大きな造形は波と渦でつながったように。

展示室や本ではなかなか見られない角度。渦巻の塔と、その入り口のようにも見えますね。

裏側は、これまた全く違う文様なのです。

10円通常はがき（1972（昭和47）年2月1日発行、郵政博物館収蔵）

横から見ると、そこにも違う表情が見えてきます。

香炉形土器
こうろがたどき

富士見町　井戸尻遺跡（第3号住居跡）
ふじみまち　いどじりいせき

縄文時代中期中葉　器高24.0㎝　町有形文化財

火を灯す、ということ

このような形の土器を釣手土器と言いますが、山形の覆いは
つりてどき
手でつり下げるものではないので、井戸尻考古館では香炉形
土器と呼んでいます。浅い鉢の上を覆うような造形は、刻み
や透かし（中空の装飾）で飾られていて、特別な存在である
ことがわかります。中で火を灯すための土器ですが、夜、明
るく過ごすためのランプではなく、神聖な火の誕生のような、
特別な祭りに使ったものではないでしょうか？

横から眺めると、上を向いて口を開いた「龍」の顔のようです。
りゅう

実はこの土器、上げ底なのです。

裏から見ると、全く別の表情に。

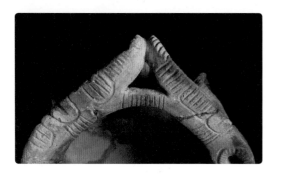

みづち文深鉢

もんふかばち

富士見町　九兵衛尾根遺跡（第M5号住居跡）

ふじみまち　　きゅうべえおねいせき

縄文時代中期中葉　器高34.5cm　口径23.5cm

謎の水棲動物

バランスの良い桶形の土器です。土器の上側は縄文なのに、胴部から底は土器をつくるときに粘土を積み上げた「輪積み」の痕がそのまま残されています。土器をつくって焼く前に乾燥させたり焼くときに壊れやすくなるので、本当はこんなことはしないのですが、この仲間の土器は、わざと残すのです。そして土器の真ん中をゆうゆうと泳ぐような、謎の生き物。サンショウウオやヘビではないか、という研究者もいますが、私たちは古い文献に出てくる謎の水棲動物「みづち」の名前で呼んでいます。

左向きのみづちが裏表に一対いるので、土器を回すと追いかけっこをしているかのようです。

みづちは背中に何かを背負っているようにも見えます。

脚の表現は1本しかありません。

いまにも食いつきそう？

口は平らで、立体的な飾りはありません。

これが尻尾。

18 人面香炉形土器

じんめんこうろがたどき

富士見町　曽利遺跡（第29号住居跡）

ふじみまち　そりいせき

縄文時代中期中葉　残高47.0㎝（頭は復元）

火を産む女神

優し気な女神の顔が付けられた、大ぶりな香炉形土器です。実はこの女神の顔は、復元されたもので、遺跡から発見された時にはありませんでした。どっしりとした土器で他の部分は割れることもなく、そのまま住居の床に転がっていました。土器は女神のおなかになっていて、ここに火が灯される様子から「火を産む女神」を表しているのではないかと考えられます。

円い窓がおなかを表していると考えると、おなかの下にあるのは短い脚のようにも見えますね。

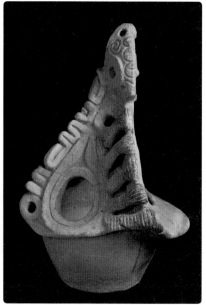

香炉形土器の見どころの一つは、正面側の緩やかなカーブ。なんともたおやかで女性的です。

首がないということは、この女神が死んだことを表しているのではないでしょうか。伊那市の御殿場遺跡から出土した人面香炉形土器には、女神の顔が残されていました。ちなみに顔を復元したのは、研究者として井戸尻考古館の初代館長だった武藤雄六さん。土器復元の名人です。

鼻筋は這い上がるヘビのような造形です。

女性的なのですが、なにか蛇のような、不思議なものが…

裏から見ると、そこには別の顔が現れます。そう、それはドクロ。死者の顔です。表は新しい火の神を産む優し気な女神、裏は恐ろしい死者の表情。

大きな二つの窓は、うつろな眼窩（がんか）のよう。

複製品に火を灯してみました。本当は焚き木ではなく、獣の脂ではなかったかと推測しています。今まさに、火の神が産まれようとしています。

火を灯した裏の顔。眼が赤々と輝き、なんとも恐ろし気な表情に。

19 蛙文・みづち文大深鉢

富士見町　曽利遺跡（第76号住居跡）

縄文時代中期中葉　器高55.5㎝　口径38.0㎝　長野県宝

まるまると太ったカエル

横倒しで押しつぶされたように出土した、大型の土器。形は
シンプルな桶形ですが、注目したいのはボコッと突き出たよ
うに貼り付けられた、半球形の物体。これは丸々と太ったカ
エルの体を表現しています。カエルは土器の表と裏に一対い
るのですが、その間にはやはり一対の「みづち」がいます。

これがみづち。
大きなみづちが
カエルを追いか
けているように
も見えます。

半球形の丸々と太った胴体に、その両側の二つの輪はギョ
ロリとした眼を表現しています。胴体の上の「W」字形の前
脚は、右が二本、左が三本指の手になっていて、胴体の下
には逆「U」字形の粘土紐で後ろ脚を表現しています。

カエルとみづちがいる「空
間」の下は、楕円の区画が
二段あって、水底の小石の
ようにも見えますね。

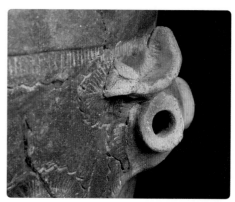

こんな感じ。顔を突き出したようにも見えます。

20 有孔鍔付樽と器台
ゆうこうつばつきたる　きだい

富士見町　曽利遺跡（第39号住居跡）
ふじみまち　そりいせき

縄文時代中期中葉　器高36.0cm（器台高さ7.5cm）

酒を醸す器

樽のような形をした有孔鍔付土器。井戸尻考古館では有孔鍔
付樽と呼びます。縄文と無文の部分があり、鍔から連続した
隆帯（太い粘土紐を貼り付けたもの）とそれを結ぶ橋がかけ
られ、その造形は見事です。内側・外側ともに漆が塗られて
いた痕跡があり、外は黒、内は赤漆が残っていました。39
号住居跡には、この有孔鍔付樽と器台と呼ぶ土器の2点だけ
が残されていました。そこから、この二つの土器はセット
であり、器台は有孔鍔付樽の台だったのではないかと想像され
ました。

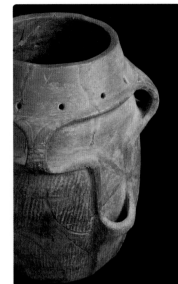

口縁部はきれいに
磨きあげられ、内
面には赤漆が見ら
れます。

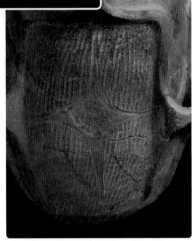

縄文を磨り消して、鋭い菱形が表現されて
います。この菱形、ある面だけはちょっと
デザインが違うのですが…展示室で探して
みてください。

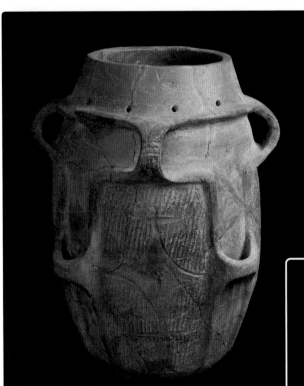

立体的な橋で隆線を結んでいます。

土器の形はシンプルですが、隆帯と橋のために、どの
方向から見るかで、ずいぶん印象が変わりますね。

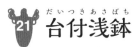

台付浅鉢
（だいつきあさばち）

富士見町　曽利遺跡（第66号住居跡）
（ふじみまち）　（そりいせき）

縄文時代中期中葉　復元高20.8cm　口径26.0cm

神に捧げる器

この土器は台の脚部と片方の立体装飾は失われていましたが、住居の床の上に、平らに据えられていました。普通、浅鉢は丼を大きくしたような姿をしていますが、この土器は全く雰囲気が違います。その姿、文様、重厚に仕上げられた器壁や底は、神々に捧げるためにつくられた器のようです。失われた脚部は痕跡から適切に復元され、片方の装飾はもう少し立派な造形であった可能性もあります。

重厚感のある立派な浅鉢です。

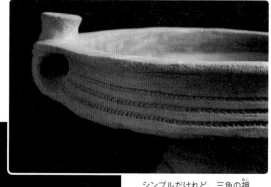

シンプルだけれど、三角の押引文様（先端が四角い棒で引いた文様）が、細かく深く、美しいのです。

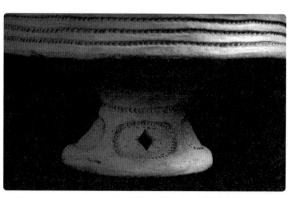

何を盛り付けたのでしょうね。

台の脚部には、透かし文様（中空の装飾）があったと考えられます。

22 内円外方浅鉢
富士見町　立沢遺跡（第2号住居跡）

縄文時代中期中葉　器高16.0㎝　口径38.0㎝

洗練されたデザイン

浅鉢の四方から角のような突起が突き立つ、他に見ないスタイルの浅鉢です。角状の突起の内側には円と楕円が交互に造形されています。鉢の内面は丁寧に磨かれ、黒漆が塗られていた痕跡があります。

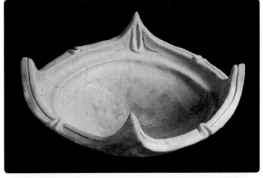

上から見ると、鉢の内側は円く段がつけられていて円形、突起のある外側は方形（四角）、そこから「内円外方浅鉢」と名付けられました。

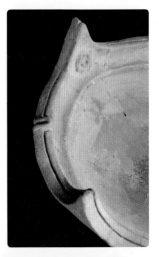

口唇部にも鋭い切込みがめぐっていて、突起の中間にもアクセントになる切込みがあります。

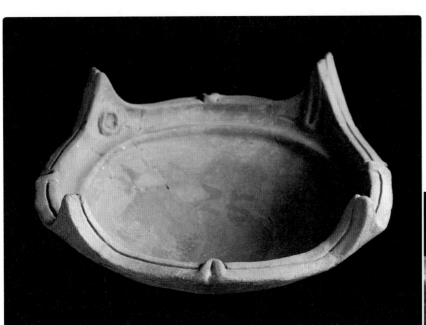

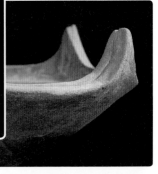

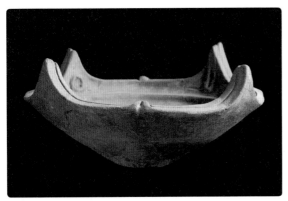

実用的とは思えない角状の突起は、この浅鉢の存在感をいっそう引き立てます。

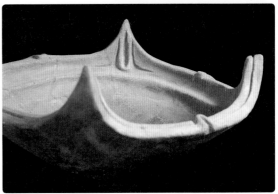

古代中国には「天は円く、大地は方形」という「天円地方」という宇宙観がありました。それを思わせる造形です。

23 双眼五重深鉢
そうがん ご じゅうふ か ばち

富士見町　藤内遺跡（第14住居跡）
ふ じ み まち　とうない い せき

縄文時代中期中葉　器高57.6cm　口径37.0cm　町有形文化財

そこに刻まれた物は…

台のようにグッと絞られた底部の上に、鏡餅を四段重ねたよ
うな、独特のスタイルをした土器。口縁には大きな円い二つ
の眼＝双眼の造形が戴かれており、それゆえ「双眼五重深鉢」
の名で呼ばれます。中部地方には数多くの素晴らしい造形の
土器がありますが、このような姿の土器は、これまでに見つ
かっておりません。
かがみもち
そうがん

この土器の「顔」は、土偶のような
人の顔ではなく、二つの大きな眼。
この双眼と正面から向き合ってみま
しょう。きっとあることに気づくはず。
そう、右眼（向かって左）は暗く閉じ、
左眼（向かって右）は、白く抜けてい
るのです。※こんな感じ→（●I○）

手前にも不思議な造形がありますが、
この土器の正面から奥の双眼の顔を見
てください。おや、ちょっとズレていま
せんか？　縄文人は、ピタリと揃えず、
あえて少しずらすのですよ。

幅広く、きれいにつくられた口
縁から、下に巻き込むようにして
環をつくり出しています。その
環にも、細かな細工があります。

胴部の文様は、それぞれの段に分か
れていて、しかもそれぞれがバラバ
ラに表現されています。

文様の表現の方法も、段によって粘土
紐を貼り付けたり、細い棒で彫りこんだ
りと、それぞれ違います。これはもはや
「記号」と言ってもいいかもしれません。

双眼の裏側は円孔が一つ。その下には
菱形の図像が。この像は蛙文の一つと
考えられます。
えんこう
かえるもん

口縁の下は、楕円の文様が繋がります。

こうしてみると、段ごとの文様の形
や表現方法の違いが良くわかります。

24 神像筒形土器

富士見町 藤内遺跡（第32住居跡）

縄文時代中期中葉　器高55.7cm　口径21.5cm　重要文化財

中期縄文文化の精華

土器造形の頂点に立つ、絶品と言ってもいいでしょう。すらりとしたその形の美しさに、文様の細やかさ、器膚の磨きあげの綺麗さ、焼き上がりの見事さと、どこをとっても隙がありません。しかし何より目を引くのは、土器と一体になって造形された、人または神の像でしょう。その姿から私たちは神の姿を表現したものと考え、「神像筒形土器」と呼んでいます。縄文時代中期の人々が思い描いた、ある神の姿だと考えられます。

この土器には「背中」があります。山形の頭の下に、「おさげ」のように束ね分けた髪の毛か、あるいは発達した僧帽筋のような「ハ」字形のふくらみがあり、その下は逆三角形の背中と、大きく張った丸い肩があります。

肩の前にはそれぞれ独立した文様があります。実はこれとよく似たものが、双眼五重深鉢にも見られます。やはり何かを表す記号なのでしょうか？

背中の下は、蕨手のような文様で、お尻や足など、下半身の表現はありません。けれどこの部分、ちょっと盛り上がっていて、暗くして光を当てると、ふっくらした下半身の影が現われます。

頭の後ろはとぐろを巻いたヘビのようにも見え、それが一つの円孔を形づくります。

丸い肩からは、腕が伸び、脇を抱えるように巻いています。

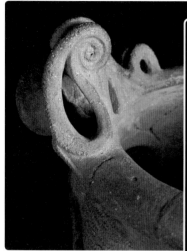

その目は、双眼五重深鉢と同じ「双眼」な
のですが、双眼五重深鉢は両眼が円形なの
に対し、こちらは右眼が縦の雫形、左眼は
円形になっています。

土器の正面には、精緻な縦帯区画文を「ぶち抜く」か
のような、大胆な図像が踊ります。底部の大ぶりの
環から、なにかエネルギーが上方に一気に放出され
ているかのようです。

左腕は文様がありません。けれど注目！
上腕と二の腕の間、肘にあたる場所がちょ
こんと突き出しています。肘や手首など、
関節を瘤にするのは、縄文人が腕をつく
る時の約束なのです。ここでもきちんと
守られていますよ。

この土器には、重要な秘密が隠されていま
す。それは、上からのぞき込んでみるとわ
かります。大きく張った丸い肩の内側は、
大きく凹んでいるのです。肩の裏ですから
これは脇の下、腋窩と言います。なぜ脇の
下が大事なのでしょう？　ここから先は、ぜ
ひ井戸尻考古館で。

まるで鎧をまとった中世ヨーロッパ
の騎士のような背中。

凛々しいという表現がぴったりの立ち姿ですね。

腕には手の表現がなく、左右でその表現も違
います。こちらは円が三つ。立体的な神像が
目立つ土器ですが、地紋（地の文様）は縦方
向に区画された「縦帯区画文」で、この部分
は菱形が基本のよう。

25 蛇文人面深鉢
じゃもんじんめんふかばち

富士見町　下原遺跡（第12号住居跡）
ふじみまち　しもっぱらいせき

縄文時代中期中葉　器高36.0㎝　口径20.0㎝　長野県宝

女神と　蛇と

口縁に人面の造形がある煮炊き用の土器です。胴部はやや張り、口縁は「く」の字形に開いています。人面深鉢は顔面把手付土器などとも呼ばれますが、擬人化された女神の土器、と言えるでしょう。このような土器が完全な形に復元されることはほとんどありません。土偶のように、バラバラに壊されているのが普通です。

人面の裏側はてっぺんに小さな双環（穴が二つ連結していること）がありますが、実は小さな穴があけられ、表の顔の上、窪みの真ん中に繋がっているのです。気付かないくらいの細かい仕事ですが、だからこそ意味があるのだと思います。

人面は母神の顔である一方で、生まれ出ようとする赤ん坊の顔になっています。そこには殺された女神から作物が化生（形を変えて現れること）した食物神の面影を見ることができます。
けしょう

土器の正面には、三角形の大きな頭と、数字の「6」を描くようにとぐろを巻いたヘビが貼り付いています。ヘビは不死のシンボルであり、神話ではその姿から男性神の化身となることもあります。

あどけない顔が、今まさに生まれ出ようとしている、そんな感じですね。

背面には人面のすぐ下に大きな双環が造形されています。

人面はやや上を仰ぎ見るような角度で。

胴部にはジグザグに、文字通り蛇行した腕が巻いています。

26 始祖女神像
しそめがみぞう

富士見町　坂上遺跡（1号小竪穴）
ふじみまち　さかうえいせき

縄文時代中期後葉　器高23.0cm　重要文化財

どこまでも　伸びやかに

坂上という小さなムラの、真ん中近くにある墓穴の上面から、三つに割れた状態で発見されました。一つに繋ぎ合わせることができましたが、右足だけはありませんでした。胴長ですがスラリとした立ち姿はのびやかで美しく、深呼吸するような姿勢は、清々しさすら感じさせます。

斜め上を向く顔は、全体がハート形で彫りが浅く、眉、目、鼻は額近くにまとまっています。

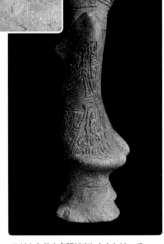

スリムな体から張り出したおしり、そのラインもたおやかできれいです。

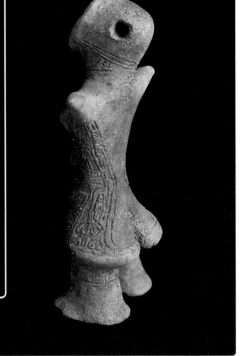

胴体の全周を覆う細かな文様は、シャープで繊細。

おしりは逆ハート形。

けれど背中には文様がありません。でもよく見てください。
首の付け根あたりに象徴的な文様が一つ、刻まれています。

大地に足をしっかり踏ん張り、天に向かってのびやかに。

おなかの真ん中の線、まっすぐで細く、深いのです。

❸ 諏訪市博物館
Suwa City Museum

縄文から諏訪信仰までを満喫!

　諏訪市博物館は、諏訪大社上社本宮の前にあり、天下の奇祭で謎の多い御柱祭や冬の諏訪湖に出現する御神渡りなど、諏訪信仰にまつわる歴史民俗や、縄文土器や蛇行剣などの長野県宝を含む文化財を映像・音響などを交えて展示・紹介しています。また、一階には諏訪にゆかりの考古学者藤森栄一、戸沢充則ほかの蔵書や研究図書を閲覧できる「すわ大昔情報センター」があり、専任スタッフが歴史の学びをサポートしています。

〒392-0015
長野県諏訪市中洲171-2
TEL:0266-52-7080　FAX:0266-52-6990
https://suwacitymuseum.jp

開館時間:午前9時～午後5時（入館は午後4時半まで）
休館日:月曜日・祝日の翌日・年末年始（資料整理休館の場合あり）
祝日は開館（祝日が月曜日の場合は開館、その翌日が休館）

大人（高校生以上）:310円、団体200円
※企画展開催時は変更の場合あり
小人（小・中学生）:150円、団体100円
※団体料金は20名以上。

鉄道／JR中央本線 上諏訪駅下車 、バスで30分（コミュニティバス・かりんちゃんバスが便利です）。
自動車／中央自動車道 諏訪ICより5分。

博物館の正面には諏訪大社上社本宮とその社叢があります。また、敷地内には地元の神宮寺地区から湧いている温泉を引く無料の足湯もあります。

諏訪を拠点に活躍した江戸時代の宮大工、立川流と大隅流の彫刻。精緻な造形はみごとです。

旧石器時代から中世の出土品展示や、世界の柱建て祭りの紹介もあります。

往時の神仏習合を伝える上社神宮寺のジオラマと、廃仏毀釈（仏教を廃絶する運動）から逃れた五智如来坐像。

27 蛇体装飾付釣手土器
諏訪市　穴場遺跡

縄文時代中期中葉　器高21.0㎝　器高32.1㎝　横幅25.0㎝　長野県宝

マジカルな力を感じる
釣手土器の傑作

穴場遺跡は霧ヶ峰高原と諏訪の市街地を繋ぐ要衝にある縄文時代および奈良・平安時代の集落遺跡で、諏訪湖の東岸では最大級の規模を持ちます。釣手土器が出土した18号住居跡は異様な状態でした。直立した石皿とそれに向かうような石棒。そして石棒を噛むように接していた釣手土器。これらは子孫繁栄や家送り（あの世で住むための家を送る）の行為などをうかがわせる状況として、貴重な事例となっています。

複雑に盛り込まれた文様の意味・意図を読み解こうと凝視してみましょう。すると、先ほどまでとは違った「顔」が見えてくるかもしれません。

ヘビのような生き物の胴体はとぐろを巻き、それらが四つの円孔窓を構成しています。

表の顔と裏の顔が背中合わせに。

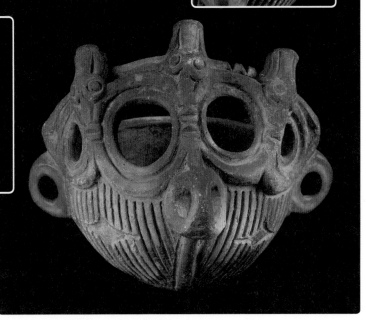

大きな眼に突き出た鼻と耳。なんの生き物でしょうか。

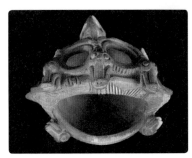

真上から見た様子は、口を大きく開けた水生生物のようにも見えてきます。

釣手のブリッジから口先を出す生物。鼻の穴をしっかりとつくっています。ブリッジの幾何学文にも注目です。

28

かわぶくろがたゆうこうつばつきどき
革袋形有孔鍔付土器

すわし　おお　　　　いせき
諏訪市　大ダッショ遺跡

縄文時代中期中葉　器高17.0㎝、横幅31㎝、縦幅12.5㎝　長野県宝

唯一無二の奇怪な造形

諏訪の市街地を見渡す扇状地上に形成された縄文時代集落。
だしょ　　とうしょ　そと
遺跡名の「ダッショ」とは、墓地に関する茶毘所や塔所（卒塔
ば　　　　　　　　　　　　　　　　　　　　　　あら
婆のある所、墓地）が転化したと言われています。中期・新
みちしき
道式期の竪穴建物跡が4軒見つかり、そのうちの7号住居跡
へんぺいたるがた
から出土しました。同住居からは偏平樽形の有孔鍔付土器も
出土しています。

口縁の直径は12cm
ほどと小さく、液体
の貯蔵には適しそう
です。

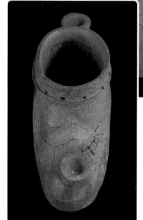

縄文土器は円筒形のものが一般
的で、この土器のように横長・偏
平の形であること自体が珍しい
です。

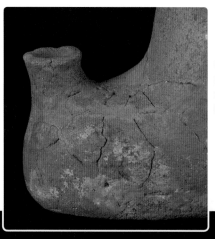

容器外面には意図的
に塗ったと見られる
白色の粘土が所々に
残っています。

鍔（突帯）のまわりにわずかに
赤い色が見えます。赤色に
塗っていたようですが、白色
粘土と塗りわけていたのか、
塗り重ねていたのかははっき
りとしません。

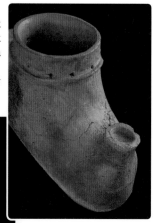

特殊と言われる有孔鍔付土器のなかでも特に異様な形をしています。
漢字の「山」にも見える形は横長で、左右の突起は閉塞していますが
やや窪みをつけています。動物の皮を縫い合わせた容器「革袋」を模
したとも考えられていますが、定かではありません。

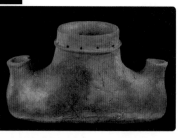

うるし
まだらに見られる黒色は、焼成時の黒斑
とも漆などの塗布によるとも言われていま
す。赤と黒、そして白の多色に彩られて
いたようです。

29

人面装飾付有孔鍔付土器
じんめんそうしょくつきゆうこうつばつきどき

諏訪市　大ダッショ遺跡
すわし　おお　いせき

縄文時代中期中葉　残存高22.0㎝、残存幅21.0㎝

コミカルな顔で何を思う?!

諏訪の市街地を見渡す扇状地上に形成された縄文時代集落。遺跡名の「ダッショ」とは、墓地に関する荼毘所や塔所（卒塔婆のある所、墓地）が転化したと言われています。中期・新道式期の竪穴建物跡が4軒見つかり、そのうちの12号住居跡から出土しました。

まぬけな、おどけたような顔にもみえますが、縄文人がどのような意図・思いをこめたのかは謎です。

粘土紐を貼り付けた立体的な造形。三角形で高い鼻とその鼻すじが眉に連続しています。

土器の一部分しか発見できていませんが、鍔と孔があったため器種の特定ができました。そして顔と思われる装飾がはっきりとあったのです。器形は推定ですが、円筒形で比較的大きいものであったとみられます。

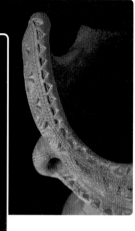

30 山形口縁台付鉢
やまがたこうえんだいつきはち

諏訪市　荒神山遺跡
すわし　こうじんやまいせき

縄文時代前期末葉　器高28.0cm　直径25.0cm

トロフィー形土器の優品

　荒神山遺跡は中央自動車道建設に伴って発掘された縄文中期を中心とした市内最大の環状集落遺跡です。前期から集落形成が始まり、中期後葉まで連綿と続きました。

　土器は直径1mほどの円形土坑（大きく掘られた穴）内から出土しました。

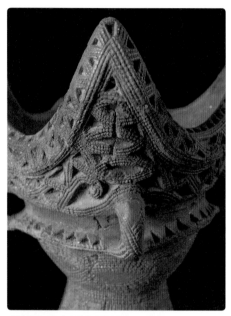

幾何学的で細かな装飾文様を加えています。

諏訪地域で籠畑式土器と呼ぶ土器で、トロフィー形土器とも呼ばれています。三角に突き出た口縁が豪華さを表し、下半は台形上に広がり安定感をもっています。

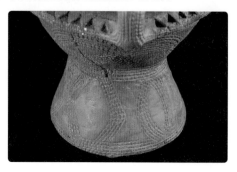

31 カップ形台付土器

富士見町　新道遺跡（第1号住居跡）

縄文時代中期中葉　器高16.5cm　口径9cm　国登録有形文化財

特別な酒器か？

諏訪市出身の考古学者藤森栄一らが発掘調査を行った富士見町の新道遺跡は、井戸尻遺跡群と呼ばれる著名な縄文時代遺跡を構成する一つです。本資料を含む第1号住居跡出土の土器群は中期中葉の諏訪地域の土器型式「新道式土器」の標識土器。藤森の蒐集した考古資料約6万点は国の登録有形文化財になっています。

半裁竹管状工具（中空の植物茎を半裁した施文具）で隆帯を密に巡らし、2本おきに爪形沈線文（半円形の沈線）を付けています。

口縁の把手と脚から、左右非対称であり器全体で何かしらのモノやコトを表現している様子がうかがえます。

脚の付くカップあるいはグラスのような形の土器。全体を隆帯で埋めています。

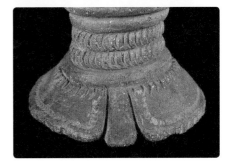

底部は一部欠けていますが、水滴形に窪んでいます。

口縁に小さく突出する把手。

脚は何かしらの動物を模したのでしょうか。

❹ 原村歴史民俗資料館
（八ヶ岳美術館）

Hara Village Folk and Historical Heritage
Resource Center -Yatsugatake Museum of Art

縄文と芸術を楽しむ高原の美術館

　八ヶ岳美術館は標高1350ｍ、雄大な八ヶ岳山麓の自然に抱かれた高原の美術館です。建物は建築家の村野藤吾が設計したもので、ドーム型をした屋根が連続する斬新な形をしています。また、天井にはレースのカーテンが吊るされ、落ち着いた柔らかな明かりに包まれた空間に原村出身の芸術家の清水多嘉示の彫刻と絵画を中心に、同じく原村出身の書家津金寉仙の書と共に、原村から出土した縄文土器や石器を展示しています。

　展示している縄文時代の遺物は、縄文時代前期のムラと大祭祀場が見つかった国史跡「阿久遺跡」から出土した土器や石器、前尾根遺跡から出土した縄文時代中期の「顔面装飾付釣手土器」があります。この釣手土器は2018（平成30）年に県宝指定され、「火の女神フゥーちゃん」の愛称がついた原村を代表する土器です。また大石遺跡や居沢尾根遺跡などの縄文時代中期の土器には、人の顔や動物の飾りを立体的に表現した土器があります。縄文人がつくり出したエネルギッシュに溢れた古代の芸術作品とも言える縄文土器と彫刻や絵画などの現代の芸術作品を一緒にご覧ください。

〒391-0115
長野県諏訪郡原村17217-1611
TEL・FAX:0266-74-2701
https://yatsubi.com/index.php

開館時間：午前9時〜午後5時（入館は午後4時半まで）
休館日：展示替え期間・年末年始

大人：一般510円、割引460円
小人：一般250円、割引200円
※割引料金は20人以上の団体／障害者手帳をお持ちの方。

鉄道／ JR中央本線 茅野駅下車→アルピコ交通バス・美濃戸口線→八ヶ岳中央農業実践大学校前下車→村内循環バス・セロリン号八ヶ岳線→ペンション上下車。
JR中央本線 富士見駅下車 タクシーで約15分。
自動車／中央自動車道諏訪南ICより7km。

村野藤吾の最晩年の傑作と言われる八ヶ岳美術館の建物自体も作品としてお楽しみください。

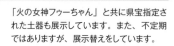

「火の女神フゥーちゃん」と共に県宝指定された土器も展示しています。また、不定期ではありますが、展示替えをしています。

敷地内には遊歩道が整備され、彫刻が所々に配置されています。森のなかに佇む彫刻を見ながら、散策してみてはいかがでしょう。

顔面装飾付釣手土器
がんめんそうしょくつきつりてどき

原村　前尾根遺跡
はらむら　まえおねいせき

縄文時代中期　器高30.0㎝　幅29.0㎝　底径12.0㎝　長野県宝

おちょぼ口のお顔が愛らしい

釣手土器はその名のとおり、釣り手がついたちょっと変わった形をした土器です。今から約5000年前の縄文人がつくったランプのようになかで火を灯した釣手土器は、煮炊きに使われたと考えられている土器よりも発見数が少なく、なかでも顔が装飾された釣手土器はさらに希少なものです。顔面装飾付釣手土器は、住居の炉のなかから顔を下にうつ伏せの状態で、ほぼ無傷で発見されました。つり上がった細目、太く凛々しい眉、丸いおちょぼ口、口の脇には刺青のような模様がつけられ、なんとも愛くるしい顔をしています。後ろを見ると、頭に大きな円を二つ、格子状に区画された窓は束ねた髪を思わせます。土器のなかで揺らめく火はとても幻想的な光景です。フランス語で火を意味する「フゥー」を題した「火の女神　フゥーちゃん」の愛称で親しまれています。

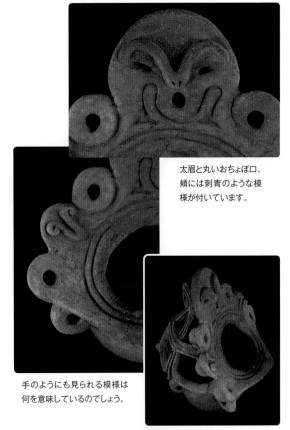

太眉と丸いおちょぼ口、頬には刺青のような模様が付いています。

手のようにも見える模様は何を意味しているのでしょう。

見る角度で違った表情にも見えます。

裏面は表面とは違った印象を受けます。

33 大形把手付深鉢形土器

原村　居沢尾根遺跡

縄文時代中期　器高38.0㎝　口径20.2㎝　底径10.0㎝　長野県宝

使い勝手の悪い把手が付いた土器

この土器は何と言っても、大きな把手が目を引きます。そろばん玉のような形とくびれた胴部から大きく広がった口縁部に4個の把手が立つ豪華なスタイルが特徴です。塔や柱状をした把手は、上部が尖るものと、平らなものがあり、渦巻きやたらこ唇のような模様が飾られています。この把手が表すのは人の頭なのか、それともヘビなどの動物なのか、何か意味のある模様のはずです。また、中央部と下部に貫通する穴が示す意味も含めて謎の多い土器と言えます。中期の土器は立体的な装飾が発達し、この土器はその典型とも言える土器です。

土器は煮炊きに使われていたと考えられますが、一度に煮る量は少なく、使う際にも把手が邪魔な器をわざわざつくった縄文人は、この土器にどんな思いを込めていたのでしょう。

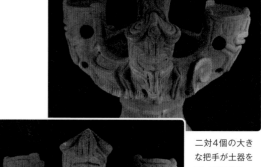
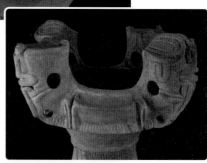

二対4個の大きな把手が土器を飾っています。

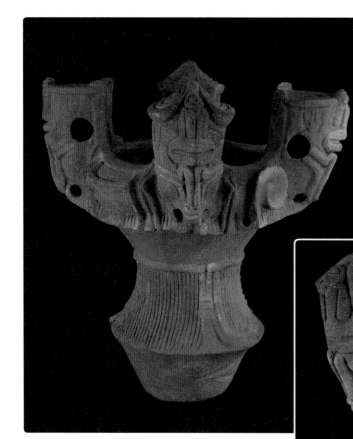
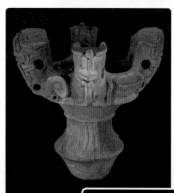
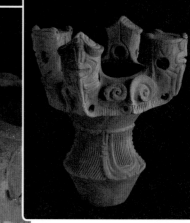

人の頭にも見えるし、ヘビにも見えます。

146

34 有孔鍔付土器

ゆうこうつばつきどき

原村　大石遺跡

はらむら　おおいしいせき

縄文時代中期　器高13.4㎝　口径17.4㎝　底径12.0㎝　長野県宝

似ているようで微妙に違う
模様が意味するのは?

有孔鍔付土器はその名のとおり、粘土の紐を貼り付け鍔として、その上部に数個の器面を貫通する孔（あな）をもつ土器のことです。大石遺跡から出土した有孔鍔付土器の注目ポイントは、四つの長方形区画に付けられた模様です。一見すると、二つの同じ模様に見えますが、よく見ると違っています。中央にある棒状の模様を包むように逆U字状の端に円文（円形の文様）が付いたものと、付かないものがあり、それぞれに逆U字状の模様が破けたような表現がされています。これらの模様は何を意味するのでしょう。棒状は男性器、円文が付いた模様は女性器を表現し、少年から成人に変わる様、女性が懐妊する様を表現したのかもしれません。また、多くは剥げてしまっていますが、外面には黒漆と朱漆が塗られていたようで、なかに酒?などを入れ、儀式などに使った特別な土器であったと考えられます。

小形で壺形をした有孔鍔付土器は少なく、鍔から把手が付いています。

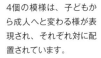

4個の模様は、子どもから成人へと変わる様が表現され、それぞれ対に配置されています。

❺原村埋蔵文化財収蔵庫
The Hara Mura Repository for Buried Cultural Properties

出番を待つ土器たちの控え室

　原村には旧石器時代、縄文時代、弥生時代、平安時代の人々が残した家の跡など、地中に残る遺跡が98遺跡あることがわかっています。また、諏訪地域では縄文時代中期の遺跡が非常に多く見つかり、全国でも有数の遺跡数を誇る地域であり、原村でも縄文時代中期の遺跡が多くあります。

　遺跡の範囲のなかで住宅などの工事を行う場合、家などの跡が壊されてしまう可能性があるため、発掘調査を行う必要があります。

　原村埋蔵文化財収蔵庫は、これまで約260件にもおよぶ発掘調査で出土した土器や石器など、昔の人が残した物（遺物）を保管する施設です。縄文時代の土器と矢じりや斧、ナイフなどの石器、耳飾り等の装飾品や炭になった種や木材、平安時代の土器や陶器、鍬や矢じりなどの鉄製品などの出土した遺物はとても多く、木箱で約1500箱に収納してあります。また、復元した土器は約1300点もあり、その数を一堂に見ると圧巻です。

　普段は一般公開していませんが、複数名での要望がありましたら、見学することができます。

〒391-0105
長野県諏訪郡原村9296-1
TEL・FAX：0266-79-7930（原村教育委員会 生涯学習課 文化財係）
https://www.vill.hara.lg.jp/kanko/bunkazai/shuzouko/

非公開
※資料の活用をはかるため、希望者の見学が可能です。ご希望の方は原村教育委員会文化財係までお問い合わせください。

入場料：無料

鉄道／JR中央本線 富士見駅下車 タクシーで約15分。
自動車／中央自動車道諏訪南ICより約5km。

復元できない土器の破片や矢じり等の石器を袋に入れて、木箱で保管しています。

八ヶ岳美術館や役場等に展示している土器はごく一部で、多くの復元した土器は収蔵庫の棚に保管しています。

35 人面装飾付土器

じんめんそうしょくつきどき

原村　比丘尼原遺跡
はらむら　　びくにっぱらいせき

縄文時代中期　器高33.4㎝　口径22.0㎝　底径11.7㎝

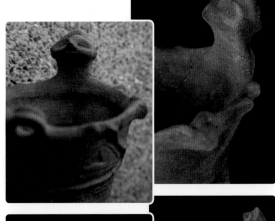

コンパクトな顔が付いた土器

縄文時代中期の中部高地を中心に人の顔が付いた土器が見つかっています。その多くは三角形や扇形の頭に張り出した丸い顔をつくり出したものに、目はつり上がり、丸く小さなおちょぼ口と上を向いた鼻が付けられています。

この土器の顔を見ると、一般的な顔のつくりとは違い、土偶の顔だけを付けたようなつくりで、キザミ目が付いた垂れ目と口がついた小顔の可愛らしい表情をしています。後ろを見ると、中央に孔（あな）があいた半円状の突起と、そこから上下に広がるようにして4本の粘土紐による模様が付けられ、まるで人の背骨と手足のようにも見え、土器に抱き付いているかのようです。

土器についた顔は女神を表しているとも考えられ、土器全体が女神の体として、このなかでつくられた食べ物を食べるという行為は縄文人にとって重要な意味を持っていたと考えられます。

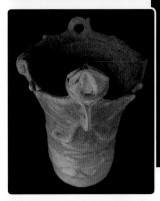

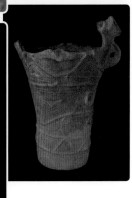

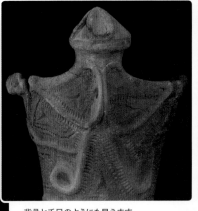

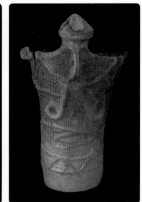

背骨と手足のようにも見えます。

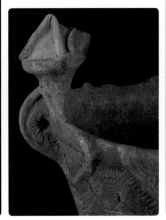

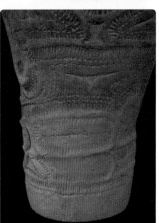

正面にも人が手足を広げたような模様が見られます。

149

❻ 塩尻市立平出博物館
Shiojiri City Hiraide Museum

全国最大の県宝が見られる！

　平出博物館は、1950-51（昭和25-26）年に行われた国史跡平出遺跡の発掘調査で出土した大量の土器や石器などの遺物を収蔵・展示するために、1954年に平出遺跡考古博物館として開館しました。その後、1979年に歴史民俗資料館が、1992（平成4）年には瓦塔館が増築されるなどして現在の姿になっています。

　「平出遺跡展示室」には、平出遺跡から出土した縄文時代中期の土器や石器類や、県宝に指定されている「緑釉水瓶」をはじめとする古墳から平安時代の土器類、また平出古墳群からの出土品などが展示されています。「塩尻の原始展示室」には、「信州の特色ある縄文土器」として県宝に指定されている縄文土器や弥生時代の「柴宮銅鐸」など旧石器時代から弥生時代の遺物が、「塩尻の民俗展示室」には、山や川、田畑の仕事に関する民俗資料が展示されています。「塩尻の古代展示室」には、奈良時代に造られた高さ232cmで全国最大の県宝「菖蒲沢瓦塔」を中心に、古墳時代から平安時代の出土品が展示されています。

　博物館に隣接する平出歴史公園には、6世紀後半から7世紀初頭の3基の円墳や、古墳時代の住居として全国で初めて復元された竪穴住居なども見ることができます。

〒399-6461
長野県塩尻市宗賀1011-3
TEL:0263-52-1022　FAX:0263-52-1295
https://hiraide.shiojiri.com/guide

開館時間：午前9時〜午後5時（入館は午後4時半まで）
休館日：月曜日（祝日、振替休日の場合は翌平日）
祝日の翌平日・年末年始（12月29日〜1月3日）

大人（高校生以上）：一般300円、団体240円
小人（中学生以下）：無料
※団体料金は20名以上。

鉄道／ＪＲ中央本線塩尻駅下車、徒歩30分。タクシー5分。
自動車／中央自動車道 塩尻ICより木曽方面へ4.6km、約10分。

イベント情報／毎年9月上旬には平出遺跡公園を会場に、大道芸などの公演や縄文時代〜平安時代の生活をアイデアにした遊びのコーナー、食べ物や地産品が並ぶ出店など、楽しさいっぱいのイベント「ひらいで遺跡まつり」が開催されています。

平出遺跡展示室：1950-51年の平出遺跡総合学術調査をはじめ、平成14-22年にかけて史跡平出遺跡整備事業に伴い行われた発掘調査など、平出遺跡から出土した縄文時代から平安時代にかけての遺物を展示しています。

平出遺跡から出土した縄文中期の土偶で、その姿から通称「ドラえもん土偶」などと呼ばれている土偶や縄文のビーナスに似た土偶など、バリエーション豊かな土偶たちが並んでいます。

平出遺跡、3号復元住居：1951年に古墳時代の復元住居として全国で初めて平出遺跡内に復元された住居を移築したものです。

古代の高床倉庫：平出遺跡の2号掘立柱建物跡をもとに復元された古代の高床倉庫で、4間（約7m）×3間（約5.5m）の比較的大きな建物です。

塩尻の古代展示室：菖蒲沢窯跡から出土した奈良時代の焼き物でつくられた五重塔で、日本一の大きさを誇る県宝「菖蒲沢瓦塔」や同じ窯跡から出土した「鳥形硯」をはじめ、平安時代のアイロンである「火熨斗」など古墳時代〜平安時代の出土品が展示されています。

平出古墳群：平出博物館に隣接する平出歴史公園内に、6世紀後半〜7世紀初頭にかけて造られた円墳が3基あります。

平出遺跡公園、縄文の村：7軒の復元住居が南側にある広場を囲むように弧状に配置されている、縄文中期中ごろの集落の様子を再現しています。

36 焼町式土器
やけまちしきどき

塩尻市　焼町遺跡
しおじりし　やけまちいせき

縄文時代中期中葉　器高46.0cm　口径37.0cm　市指定有形文化財

曲がりくねりながら渦を巻く、元祖焼町式土器

焼町式土器は縄文時代中期中葉の土器で、塩尻市の焼町遺跡第1号住居跡から出土した、曲隆線文（曲がりくねった粘土紐で描いた文様）を主体とする独特な文様構成や施文方法が見られます。この土器に注目した野村一寿さんにより焼町土器が提唱され、これを契機に研究が盛んに行われるようになりました。当初は火焔型土器で有名な馬高式土器など北陸地方の影響を強く受けた土器ではないかとされていましたが、研究が進んでいくと焼町式土器が馬高式土器よりも古い時代の土器であることが判明し、分布の中心も長野県東部から群馬県北西部であることもわかってきました。まだまだ研究途上の土器で、土器の名称も「焼町式土器」「焼町土器」「焼町類型」など研究者によって呼び名もさまざまです。

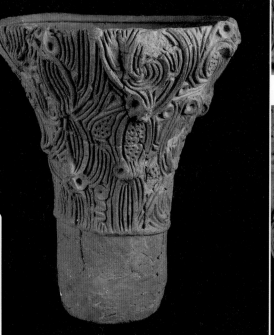

❼ 安曇野市穂高郷土資料館
Hotaka Local Museum

壁一面に並ぶ
大量の縄文土器は圧巻!

　北アルプス山麓に広がる安曇野市穂高地域には、縄文時代の遺跡や県内でも有数の古墳群が存在しています。この地域は、現在は豊かな穀倉地帯でもあり、米作、野菜栽培のほか、わさび栽培、虹鱒の養殖なども盛んです。江戸時代中ごろからは繊維のダイヤモンドといわれる天蚕産業も栄えました。

　一階には、囲炉裏を中心にした農家のくらしを再現した「おえの間」や、昭和30年代ころまで使われていた農具、漁具などを展示しています。また資料館の隣に移築された「鐘の鳴る丘集会所」は、1947（昭和22）年から放送されたNHKのラジオドラマ「鐘の鳴る丘」の舞台の一つでした。資料館には、ラジオドラマ「鐘の鳴る丘」の関係資料や、当時の子どもたちの遊び道具なども展示しています。

　二階には、山繭からとれる天蚕糸や、穂高神社の御船祭りで登場する穂高人形のほか、縄文時代の遺跡から出土した縄文土器や土偶、穂高古墳群の出土品などを展示しています。ここにある、長野県宝に指定された3点の縄文土器や他谷遺跡から出土した大量の縄文土器は必見です！

〒399－8301
長野県安曇野市穂高有明7327-72
TEL・FAX:0263-83-8844
https://www.city.azumino.nagano.jp/soshiki/43/1456.html

開館時間:午前8時30分〜午後5時

休館日:月曜日（祝日の場合は翌日）・祝日の翌日
冬期休館（12月28日から2月末日）

入場料:一般 100円
※中学生以下と安曇野市内在住の70歳以上の方は無料。
※障害者手帳をお持ちの方と介助者1名は無料。

鉄道／JR大糸線穂高駅下車、タクシー約10分。
自動車／長野自動車道安曇野ICから約25分。

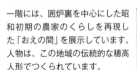

一階には、囲炉裏を中心にした昭和初期の農家のくらしを再現した「おえの間」を展示しています。人物は、この地域の伝統的な穂高人形でつくられています。

安曇野市穂高郷土資料館の隣には、重要文化財である松尾寺本堂もあります。室町時代に建てられた、軒出が深く端正な印象をうける薬師堂です。

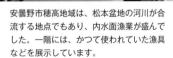

安曇野市穂高地域は、松本盆地の河川が合流する地点でもあり、内水面漁業が盛んでした。一階には、かつて使われていた漁具などを展示しています。

二階には、他谷遺跡、新林遺跡などから出土した縄文土器、石器、土偶を展示しています。特に、壁一面に並ぶ他谷遺跡の縄文土器は、縄文時代中期後半の土器変遷をたどれる内容であり、圧巻です。

広耳把手付土器
（ひろみみとってつきどき）

安曇野市　他谷遺跡
（あづみのし　たやいせき）

縄文時代中期　器高20.3cm　長野県宝

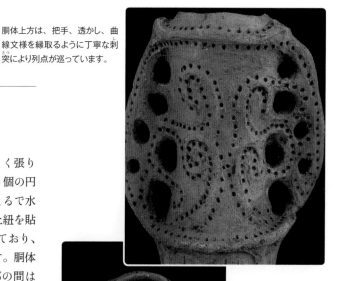

胴体上方は、把手、透かし、曲線文様を縁取るように丁寧な刺突により列点が巡っています。

小さな土器の大きな把手

わずか高さ20cmの小ぶりな土器の胴体左右に、大きく張り出した把手が付いています。把手には左右それぞれ6個の円い透かし（器面をくり貫いた文様）が入っており、まるで水玉模様のような印象を受けます。胴体の上方は、粘土紐を貼り付けて表現した曲線文様（きょくせんもんよう）を、小さな列点で縁取っており、服飾のステッチのような視覚効果を生み出しています。胴体は下方で強い張り出しを持ち、この張り出しと底部の間は弱い縦方向の沈線（線を彫った文様）（ちんせん）がランダムに並びます。このような形と文様を持つ縄文土器は、ほとんど知られておらず、極めてユニークなものです。

他谷遺跡は、安曇野市穂高牧（ほたかまき）の標高約650mの山麓に広がる、縄文時代の集落遺跡です。1999（平成11）年度に発掘調査を行い、縄文時代中期の竪穴建物跡34棟のほか掘立柱建物跡（ほったてばしら）、配石遺構（はいせきいこう）などが見つかりました。

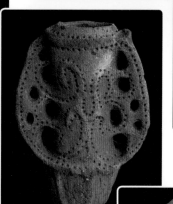

口縁部の把手付け根には割れ口があります。小さな突起が付いていたのかもしれません。

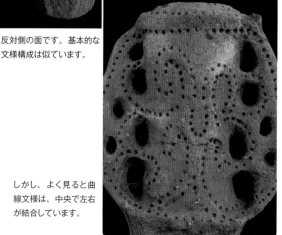

胴体の張り出しを境に上方はすらっと、下方はどっしりとしています。

器高20.3cm、把手の最も広い部分は14.5cm、一見して小ぶりな縄文土器です。

反対側の面です。基本的な文様構成は似ています。

しかし、よく見ると曲線文様は、中央で左右が結合しています。

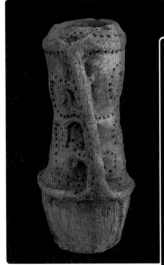

横から見ると、把手はかなり斜めに付いていることがわかります。

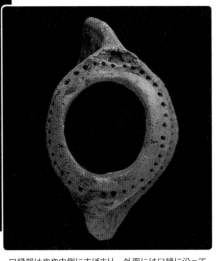

口縁部はやや内側にすぼまり、外面には口縁に沿って刺突が一周します。

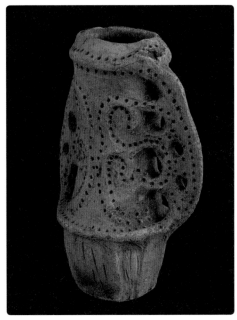

この土器に光をかざすと、背後に不思議な影が浮かび上がってきます。縄文人は、何を感じていたのでしょうか。

 38 蛇体把手付ワイングラス形土器

安曇野市　ほうろく屋敷遺跡

縄文時代中期　器高31.0cm　長野県宝
この土器は、安曇野市穂高郷土資料館で他の県宝土器2点とともに展示しています（安曇野市文化財資料センター所蔵）。

まるで登り龍のような蛇体把手

そろばん玉のような形をした胴体に、縄文土器には珍しい高い台がついています。これだけでは何とも単調な印象を受けますが、口縁部に、まるで登り龍のような立体的で躍動的な把手が一つ付くことで、土器全体としてリズム感のあるバランスに仕上がっています。真横から見ると、把手・胴上半・胴下半・台の四つの構成部位は、高さの比率が均等であり、造形的に安定し均整のとれた形態となっています。胴上半を横に巡る渦巻文をたどると、把手の下に両腕を上に挙げた人形の文様を見つけることができます。

ほうろく屋敷遺跡は、犀川が北流し安曇野市から流れ出す地峡の河岸段丘（河川の流れに沿った階段状の地形）に広がる縄文時代から近世の複合遺跡です。古来より陸路・河川の交通の要衝であったと想定され、出土遺物をみても文化の交流広場の様相を呈しています。

安曇野の縄文土器には珍しく、高い台をもつ器形です。

胴上半にはヘラ描きされた渦巻文が巡ります。

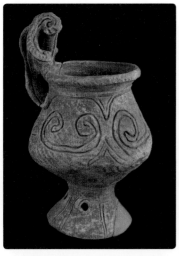

上から、把手・胴上半・胴下半・台の高さの
比率が均等なため、安定感があります。

蛇体把手は、横から見るとしっかりと土器
の縁をつかんでいるように見えます。

胴上半の文様は、縄文を回転施文した上から描か
れています。

蛇体を模した躍動的な把手は、まるで登り龍の背
中のようです。上の把手は立体的、下の人形モチー
フは平面的と対照的です。

把手の下には、沈線（線を彫っ
た文様）で人形のモチーフが
描かれています。

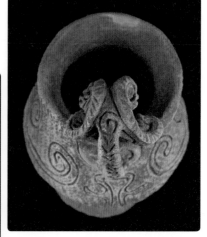

蛇体を模した把手の背中のうろこはハ字状の沈
線で表現され、渦巻文も描かれています。

把手を近くで見つめると、
動き出しそうな生命感があ
ります。

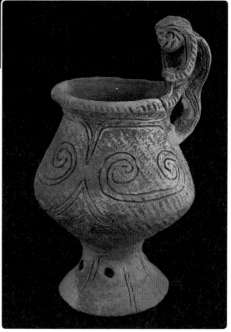

台には円形の透かし（器面をくり貫いた装飾）があり、通
常の縄文土器とは違った存在である感じがします。

⑧ 伊那市創造館
いなしそうぞうかん
Ina-City Souzou-Kan

「縄文から宇宙」がギュッとつまった昭和レトロ建築

東に南アルプス、西に中央アルプスと3000m級の二つの山々に抱かれ、街の真ん中に天竜川と三峰川が流れる伊那市。市の中心、伊那市駅周辺には、アーケード街の戦後の看板建築（店舗正面を洋風に装飾した建築様式）や昭和の雰囲気漂う路地や商店を残します。そんなどこか懐かしい街並みの、一本裏道に入った所に、突然三階建ての洋風建築が現れます。それが1930（昭和5）年に建てられた旧上伊那図書館（市指定有形文化財）、現在の伊那市創造館です。

辰野町の製糸家、武井覚太郎が建築資金14万円（現在で7億円）を提供し、台湾総督府、片倉館（諏訪市）を設計した森山松之介が初期設計、長野県鉄筋コンクリート建造物の父、黒田好造が実施設計を担当し完成させました。以後、約70年間、上伊那地方の教育・文化の中心であり続けました。

2010年、昭和レトロな雰囲気を残しつつ、伊那市創造館として「縄文から宇宙まで」をテーマに新たに開館。常設展示ではフランス・パリの縄文展にも出展された日本を代表する土器、重要文化財「顔面付釣手形土器」、長野県宝「顔面把手付大深鉢」の2点を展示しています。

建物から展示資料、そして周囲の街並みまで丸ごと楽しめる、何度訪れても発見がある博物館となっています。

〒396-0025
長野県伊那市荒井3520番地
TEL:0265-72-6220　FAX:0265-74-6829
http://www.inacity.jp/shisetsu/library_museum/inashisozokan/index.html

常設展示室・企画展示室：
午前10時～午後5時
（最終入室時間、午後4時45分）

休館日：火曜日・祝日の翌日・年末年始

入場料：常設展示室は無料。企画展示室は内容により有料。

鉄道／JR飯田線 伊那市駅下車、徒歩4分。
バス／伊那バスターミナル下車、徒歩3分。
自動車／中央道伊那インターより約15分。小黒川スマートインターチェンジより約5分。

イベント情報／企画展示室では年に2回、「縄文から宇宙まで」をテーマにユニークな特別展示を開催しています。
また、春休み・夏休みに合わせて、土器や石器、化石のレプリカマグネットづくりや、伊那市で採れる石を使ったキャンドルづくりのワークショップなどを開催しています。

【常設展示室】日本で最も美しいと称される、重要文化財「神子柴遺跡出土品」の尖頭器（石槍）・石斧など全66点や重要文化財・長野県宝の土器を見ることができます。また、伊那市の縄文時代を象徴する唐草文を施した土器や珍しい縄文時代中期初頭の土偶を展示しています。

【井月展示室】幕末から明治にかけて伊那谷を放浪した俳人井月の、掛軸や屏風など貴重な真筆を展示。その句は後世にも影響を与え、その書技は、かの芥川龍之介が「入神と称するも妨げない」と賞賛しました。

【昭和の図書館】旧上伊那図書館のレトロな雰囲気に浸ることができます。「壮麗完備、天下に誇る」と称され、教育文化の中心とされていた上伊那図書館。開館当初からの貴重な書籍を手に取ってご覧いただけます。

三階には広い講堂があります。終戦直後、進駐軍の拠点としてアメリカ兵30名がこの建物で3か月間生活し、時にはこの講堂でダンスパーティーを開いたと言われています。現在は講演会や演奏会などさまざまな用途で使っています。

【地質展示室（伊那市の大！大地博覧会）】収蔵庫では140年以上前の明治時代の岩石標本や、大正時代の地質図など上伊那の地質研究の歴史がわかる貴重な資料や、市内で採取できる1億2000万年前のアンモナイトや、2200万年前の貝の化石などを収蔵展示しています。

39

顔面付釣手型土器
がんめんつきつりてがたどき

伊那市　御殿場遺跡
いなし　ごてんばいせき

縄文時代中期後葉　器高39.5㎝　幅25.0㎝　重要文化財

優しい眼差しの裏には・・・
表裏対照的な造形美

顔面付釣手形土器は伊那市富県の県史跡、御殿場遺跡の竪穴住居の床面から、このままの、ほぼ完全な状態で出土しました。縄文時代中期後葉（今から約4900年前）、唐草文系土器Ⅱ期のものです。

土器の正面には、優しい女神の顔が付けられ、胴部には直径10.5㎝の大きな窓があけられています。この正面の顔と胴部の部分だけ、縄文時代中期の土器とは思えないほどツルツルに磨くようにつくられていて、この土器にとって重要な部位であることを物語っています。表面は沈線（線を彫った文様）によって窓の周囲に模様が描かれていますが、とても控え目な装飾と言えます。対照的に、土器の背面は、同じ土器とは思えないほど装飾過多ともいえる激しい立体的な造形が見られます。この表裏の表現の差に、なぜこのような土器がつくられ、どのように使われていたのかを解く鍵があるに違いありません。

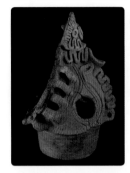

つり目顔の女神が表現されることが多いなか、この女神は優しい穏やかな顔が特徴的。鼻の孔が一つしかないのは、やはり人と違う異形の神を表しているからなのでしょうか。両耳には耳飾りを思わせる孔が見られます。

横から見る姿も興味深く、後ろに束ねた髪の毛と思われる装飾が、大きな口を開けたヘビを背負っているかのようにも見えます。側面に縦に並ぶ五つの環状の釣手装飾は指にも見え、大きな手で土器全体が抱かれているかのようです。

女神の顔の後ろ姿。複雑に結い上げた髪型を表現したものでしょうか。

御殿場遺跡出土の顔面付釣手形土器と、全く同じ形の土器が諏訪郡富士見町の曽利遺跡（第29号住居跡）（126頁、長野 No.18）から出土しています。その土器には顔がありませんでしたが、このような土器が同じ文化圏で共通認識の下、つくられていたことがわかります。

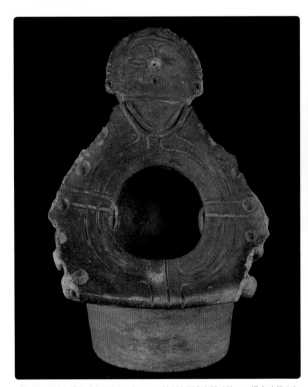

「女神の顔」と「釣手土器」という二つの特別な要素を併せ持つ、縄文時代のなかでも珍しい土器。不思議な造形は、当時の人々の世界感・信仰を表しています。土器側面にそれぞれ五つの丸い窪みが見られますが、その外側は意図的に壊されています。本来は窪みを中心に半円形の装飾が五つずつ付けられていました。

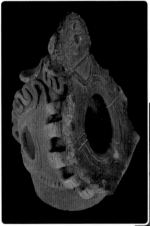

他の釣手土器には、内側に加熱の痕跡やススが付着した例があり、灯火具（ランプ）として祭祀の場などで使われていたと考えられます。しかし、この土器には、そのような火を使った痕跡がありません。どのように使われていたのか、いまだ謎の多い土器です。

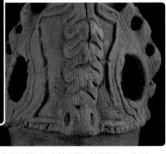

表面の優しい女神の顔と対照的に、おどろおどろしいドクロのように見える裏面。表と裏で、生と死を表すとも言われています。

❾ 長谷公民館
Hase Community Center

美しい南アルプス山麓で、縄文と大地に思いを馳せる

現在の伊那市は、2006年に南アルプスの玄関口である長谷村と、天下第一の桜と称される高遠城址公園で有名な高遠町と合併し、長野県でも第3位の面積を持つ市となりました。

総面積の96%が森林・原野を占める長谷地域には、九州・本州を大きく二分する大断層、中央構造線が南北に通っています。その中央構造線の谷が、古くから人々の行きかう道となり、後に東海地方と諏訪を結ぶ「秋葉街道」となりました。縄文時代、塩や黒曜石が行き来したこの道沿いに大規模な集落遺跡が営まれ、発掘調査により「大形把手付土器」など長野県宝3点をはじめ、素晴らしい縄文土器が出土しています。このように南アルプス一帯は、かつての海底が隆起し山脈となったことで、貴重な地層や地形が見られ、そこで生まれた歴史や独自の文化が評価され、「南アルプス（中央構造線エリア）ジオパーク」、「ユネスコエコパーク」に認定されています。

長谷公民館には、山の恵みで繁栄した縄文遺跡からの出土品、山に生きた人々の民俗資料、そして山奥で産出するアンモナイトなどの海洋生物の化石を展示しています。

美しく広がる南アルプスの麓で、縄文人の生活や太古の海に思いを馳せることができる、そんな静かな資料室です。

〒396-0402
長野県伊那市長谷溝口1188番地1
TEL:0265-98-2009　FAX:0265-98-2010
http://www.inacity.jp/shisetsu/kominkan_senter/hasekominkan/index.html

開館時間：月曜日〜金曜日（午前9時〜午後5時）
　　　　　土曜日（午前10時〜午後4時）

休館日：日曜日・祝祭日・年末年始

入場料：無料

鉄道・バス／JR飯田線 伊那市駅下車。JRバスで高遠駅へ（約20分）。高遠駅で長谷循環バスへ乗換え（約15分）で「小学校」下車、徒歩3分。
自動車／中央道伊那インターより約15分。小黒川スマートインターチェンジより約5分。

イベント情報／
戸台の化石学習会（石ころウォッチング）毎年6月
戸台の化石学習会（化石採集体験）毎年8月・10月
その他、南アルプスジオパーク、ユネスコエコパークと連携した講座などを実施しています。

長谷公民館内にある「郷土資料館・戸台の化石資料室」。旧長谷村の、遺跡の出土品や、山仕事の道具などの民俗資料、アンモナイトやサンカクガイなどの化石、特徴的な岩石を展示しています。

海外のアンモナイトも各種展示。その美しさや迫力に思わず見入ってしまいます。

民俗資料の目玉、2011年に発見された竹澤長衛の猟銃。長衛翁は、登山道や山小屋を整備し、南アルプス開拓の父と呼ばれています。熊打ちの名手であった彼の猟銃は、筒を20cmも短く切るなど山で使うための工夫が見られます。

標高1000mの長谷戸台地区から産出するアンモナイトや海の生物の化石。1億2000万年前の白亜紀前期のものです。恐竜の化石も出土するのではないかと期待されています。

長野県宝3点を含む縄文土器を常設展示。山麓の恵みでくらした縄文人達の豊かなくらしぶりを垣間見ることができます。

長谷公民館から歩いて5分の場所に、宇宙からも見える大断層、中央構造線を間近に見ることができる「溝口露頭」があります。南アルプスジオパークの見所の一つともなっています。

40

大形把手付土器
おおがたとってつきどき

伊那市　石仏遺跡
いなし　いしぼとけいせき

縄文時代中期後葉　器高30.0㎝　口径21.0㎝　胴径14.0㎝　長野県宝

洗練された美しき縄文の貴婦人

この土器は、長谷地区の石仏遺跡の中期後葉（今から約4800年前）の住居跡から出土しました。

口縁部に方形の立体的な把手を４か所に装飾する、台付の特殊な形をした深鉢形土器です。胴部には隆線（太い粘土紐を貼りつけたもの）によって立体的な渦巻文が描かれ、その背景に、斜め方向の縄文を地文として全体に装飾されています。控え目な模様が付く小ぶりな胴部と台に比較して、口縁部は、透かし模様（器面をくり貫いた装飾）が施された立体装飾が大きく広がり、とても豪華な印象を持つ土器です（右部分図）。口縁の把手装飾や胴部の渦巻文から、この土器には、東北地方中・南部の土器型式（大木８b式）の特徴が見られます。中央構造線の谷の道を抜け、中信・北信地方よりさらに遠く、東北地方との交流もあったことを物語る土器なのです。

この遺跡の別の住居跡からは、同じく県宝の「顔面装飾付釣手土器」も出土していて、この集落遺跡の特異性を表しているかもしれません。
がんめんそうしょくつきつり
てどき

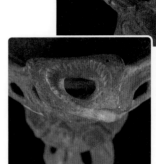

複雑な立体的な飾りは、口縁部を二重につくり、その外側に円形の透かし孔を開けたものです。透かし孔の周りを蕨手状の隆帯と刻み目で装飾することで、さらにゴージャスな仕上がりとなっています。
わらびて

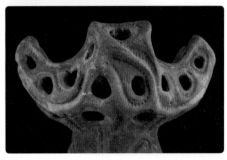

透かし模様の造形美。

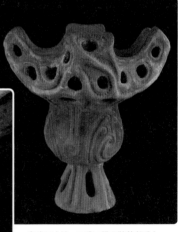

角度により、二重口縁の装飾部分と胴部の模様の組み合わせが変わり、ずっと見ていられる土器です。

胴部の渦巻文は、この地域独自の土器型式、「唐草文系土器」の力強い迫力ある渦巻文と違い、丸みを帯びて、どこか上品に見えます。東北地方に見られる渦巻文です。
からくさもんけいどき

ユーラシア狩猟採集民の最古の土器

ミハエル・ブジャ
Mihael Budja

　人類の生物学的、文化的進化のなかで最大の出来事の一つは、新石器時代に始まった食糧生産と、土器づくりのための技術の発明であったと言われています。植物の栽培、動物の家畜化、食べものの加工と土器を用いた貯蔵によって、食生活は大きく変化し、人の遺伝子情報（ヒトゲノム）への影響もみられました。そして力を加えて自在に変形できる粘土と加熱による化学変化を利用した技術（パイロテクノロジー）を結び付けたことは革新的で、その結果、土器が誕生したのです。それは私たち人類の思考と行動の発展における革命的な一歩でした。

　また、アジアとヨーロッパでは定住性と農耕が始まる千年前に、土器づくりの技術が発達していたことが明らかになりつつあります。粘土焼成技術の発明は、土器であれ人形の土偶、動物形土偶であれ、狩猟採集民が耐久性のある製品をつくりだすことを可能にしましたが、最初の土器は、「クロスクラフト相互作用」と言って、モノの形状やデザインを別のモノに写すことで生まれました。バスケットや木製のボウルを模倣して土器が生まれたのでしょう。東アジアでの初期の土器製作はわずかな遺跡内に限られ、完新世初期までは一時的、小規模で、その年代は、放射性炭素年代測定（土器などに付着していた動植物の炭素の割合を調べて製作された時期を計る方法）によれば紀元前1万9286年〜1万8886年（較正年代）でした。残存脂質分析によると、初期の縄文土器は煮沸調理と食糧貯蔵に使用されていたことがわかっています。また植物や堅果類（果実が堅い殻に包まれたもの）を煮沸した例や、まれに反芻動物（ウシ、ヤギ、ヒツジなど一度食べたものを口に戻して再び嚙みくだく動物）由来の脂肪も加えられた例も知られています。内陸部では、サケの調理が主であったようですが、沿岸部ではより広範な水産資源が利用されていたのでしょう。初期の遺跡で発見さ

れた数少ない土器は、それらがおそらく儀式や魚油のような贅沢な食料の特別な土器として、まれに使用されたに過ぎなかったことを示唆しています。

　しかし、ヨーロッパとアジアで最も初期段階につくられたのは、容器としての土器ではなく、貯蔵容器や食品貯蔵技術とは無関係な人形および動物形土製品、非形象的な小球や円錐形でした。粘土焼成の最古の証拠は、紀元前3万732年〜2万9956年（較正年代）の中央ヨーロッパの後期旧石器時代のグラヴェッティアン（パヴロフ）期の開地遺跡で見つかっています。約1万点の出土遺物には土偶や動物形土製品の何百もの断片と数千もの小球、円錐形土製品などを含んでおり、ほとんど全ての土製品、土偶は意図的に壊されていました。つまり、加熱した土製品を意図的に水に濡らすことで土偶は爆発して大きな音を立てて壊れ、一種の花火のようなパフォーマンスを生み出したとみられています。それが土製品の主な社会的、象徴的意味を持っていたのでしょうか。その後、紀元前2万7000年頃のパヴロフ期の終わりまでに、土器づくりの技術は姿を消し、中央ヨーロッパの後期グラヴェッティアン期では復活することはありませんでした。千年後、土器づくりの技術は北アフリカと地中海中部に現れます。また、近東では紀元前8750〜7500年（較正年代）頃、先土器新石器時代に、土偶、土器づくりが登場しています。

　要約すると、ヨーロッパとアジアにおける土器づくりは、新石器時代以前の狩猟採集社会における粘土焼成技術の二つの並行した系列にさかのぼることができます。西方のものは、東方より約1万1000年先行し、土偶と円錐形土製品は西方、ヨーロッパにおける粘土焼成の発達を特徴づけています。一方、東方のアジアの系列では、最初から土器がつくられていたのです（図1）。

（リュブリャナ大学芸術学部考古学科 教授）

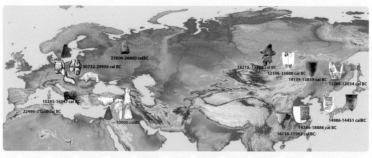

図1　初期の土器製作技術に関する二系列。西方では、後期旧石器時代、土偶や土製品が中心で、続いて新石器時代に土器が生産されていました。東方では最初から土器づくりが中心だったのです。
（©ブジャ 2016）

⑩ 市立岡谷美術考古館
しりつおかやびじゅつこうこかん

Okaya Art & Archaeological Museum

気軽に立ち寄れるまちなか考古館

　岡谷美術考古館は、郷土の美術の礎を築いた優れた芸術家の作品や縄文から平安時代までの市内遺跡から出土した土器、金属器などを展示しており、岡谷市の文化と芸術を伝える空間として、また市民の皆さんの芸術の窓口となるよう年間を通じさまざまな企画展示やイベントを開催しています。

　当館は岡谷市の文化財産、特に美術作品・考古資料などを収集・保存・展示し、文化の向上を図る目的で1970（昭和45）年に市立岡谷蚕糸博物館に併設して誕生しました。それから40有余年を経た2013（平成25）年に童画館通り商店街へ移転、郷土に根ざす美術考古館として、これまで培ってきた館のスタイルを継承しつつ「文化を核にしたまちづくり」の拠点となる施設をめざしてリニューアルオープンしました。
しりつおかやさんしはくぶつかん

　美術と考古、双方の魅力がたっぷりと詰まった館内で移り行く時の流れを感じながら、古代の息吹と芸術家の想いと共にゆったりとした時間をお過ごしください。

〒394-0027
長野県岡谷市中央町1-9-8
TEL：0266-22-5854　FAX：0266-22-5856
email：art@city.okaya.lg.jp
http://www.okaya-museum.jp

開館時間：午前10時～午後6時
休館日：水曜日・祝日の翌日・12月29日～1月3日

大人（高校生以上）：370円、団体260円
小人（小・中学生）：160円、団体110円
※団体料金は10名以上。
※特別企画展は別途料金

鉄道／JR中央本線 岡谷駅下車、徒歩5分。
自動車／長野自動車道 岡谷ICより約10分。

イベント情報／11月3日は開館記念日につき、入館料無料。

縄文時代早期後半から中期中葉の土器展示。土器の形の移り
変わりを見ることができます。

縄文時代中期後葉の土器展示。土器
の形や装飾、文様が複雑になってい
くのがわかります。

縄文の竪穴住居復元模型。縄文のくらしを感じていただくために2018（平成30）年に市民有志と一緒に製作。
自由になかに入ることができ、記念撮影でも人気！

顔面把手付深鉢形土器
がんめんとって つきふかばちがたど き

岡谷市 海戸遺跡
おかやし かいどいせき

縄文時代中期 器高42.4cm 口径16.6cm 重要文化財

数少ない顔面把手付土器界の アウトロー（外向き）！

この顔面把手付深鉢形土器は、岡谷市の海戸遺跡から出土した縄文時代中期（約5000年前）のもので、1989（平成元）年6月に重要文化財に指定されました。この土器は女神を形にしたもので、女性が新しい命を生み出す力を持つことから、豊饒の女神像を表し、豊かな食料を得たいという縄文人の願いをうかがうことができます。日常的に使われた土器ではなく、特別な祭祀などの時に使われたものだろうと言われています。

左斜めから見た顔面把手部分。多くの顔面把手の構造はなかに空間がある中空になっており、縄文の人々の造形技術には驚かされます。

右斜めから見た顔面把手。このアングルからの写真は珍しく、もしこの顔面把手付深鉢形土器の絵を描くとしたらこの構図、このアングルがいい！と思わせるほど良いアングルです。

真横右側からの写真。これも今までの写真ではあまりなかったアングルからのもの。前面の顔面把手、背面の蛇体把手が垂直に立っているのがよくわかります。土器の底部はそろばん玉のように屈曲していて、この形はこの土器の型式である「勝坂式土器」の特徴をよく表しています。
さかしきどき

同じく横からの左側からの写真。前面の顔面把手、背面の把手の下にある丸く穴の開いた双環状（穴が二つ連結していること）把手は大きくすれば、そのまま優勝カップになるようなデザインです。

器形は三段のグラマラスな独特のプロポーションで他の顔面把手付土器ではあまり見られません。鼻・口を結んだ垂直線を中心とすると双環状把手と下に伸びている蛇体文がわずかに左に寄っています。顔面把手の顔は、つり上がったアーモンド形の目、上を向いた鼻、丸く小さいおちょぼ口をしていて、顔は少し首をかしげているようにも見えます。

（背面全体図）口縁部より下の蛇体文は正面と背面で同じ文様が貼り付けられ対になっています。

顔面把手付深鉢形土器
がんめんとって つき ふかばちがた ど き

岡谷市　榎垣外遺跡
おか や し　えのきがい と い せき

縄文時代中期　器高39.5cm　口径19.0cm　岡谷市指定文化財　長野県宝

長野県宝「信州の特色ある土器」に指定、不動の美土器

この顔面把手付深鉢形土器は、1.5km四方に広がる岡谷市内最大の遺跡である縄文時代～平安時代の榎垣外遺跡から出土した縄文時代中期（約5000年前）のものです。樽型の器形の縁に内側を向く顔面把手が付き、顔はつり上がったドングリ眼の目と丸く開いた口とその周りの髪形を連想する文様が付く典型的な顔面把手付土器で、その反対側にはヘビの頭と思われる矢印文様が少し頭を出して付けられています。女性（女神）とシンボル化された男性が対に配置された文様構成の代表例となっています。

顔面把手部分のアップ。海戸遺跡の顔面把手付深鉢形土器よりも目はつり上がり、ほとんど縦にちかくなり、鼻は高く、口は少し大きいです。

海戸遺跡の顔面把手付深鉢形土器とは違い、横から見ると顔面把手部分が垂直ではなく、やや上を向いて斜めになっています。縄文土器はいくつかの模様が集まってできたデザインを一つの単位として、例えば4単位きっちりと土器の周りを囲んでいるという規則正しいものが多いですが、この土器は決まった文様の単位が繰り返されるのではなく、さまざまな意匠の文様が張り巡らされています。

土器背面からの全体写真。バランスの取れた美しいシルエット。顔面把手の三角の輪郭の稜線はそのまま伸ばすと樽形の土器のフォルムに繋がっています。

土器の左側から土器本体の文様を見ています。上部分には十字架のようにも見える十字状の文様があり、下半分の文様はナスカの地上絵のような直線で構成されています。

海戸遺跡出土の顔面把手付深鉢形土器と比べると顔面部分はやや小さいですが、同じように三角の頭の形をしています。土器の形はくびれの部分がなく樽形をしています。海戸遺跡のものと比べるとこちらの方がたくさん物を入れることができそうでより実用的な形をしています。
口縁部からわずかにはみ出ている文様はヘビの頭と考えられ、顔面把手が女性を表しているのに対し、シンボル化された男性を表しています。その下にはこの顔面把手付深鉢形土器のなかで一番大きな区画文があります。

背面から見た顔面把手の拡大部分。後頭部にあたる部分に大きな穴があり、左右の穴と繋がっています。

⑪ 箕輪町郷土博物館
Minowa Town Folk Museum

ここに来れば箕輪がわかる！

箕輪町は、長野県の中央から南へ細長く伸びる伊那谷の北部にあり、町の中央には諏訪湖を源流とした天竜川が流れています。川の両側には河岸段丘（河川の流れに沿った階段状の地形）があり、町の東西には中央・南両アルプスに連なる山々がそびえる、自然豊かな町です。

箕輪町郷土博物館では、郷土の博物館という特色を活かし、箕輪の歴史や文化を伝える資料を収集・保存・活用しています。展示室は郷土の民俗、自然、考古・歴史、美術の4部門により構成されていて、それぞれの展示を通じて多方面から箕輪町を知っていただきたいと考えています。また、町の文化を気軽に知っていただくため無料展示スペースを設け、毎月展示を変えて「今月のイッピン」として所蔵資料を紹介しています。そのほか、郷土にまつわる冊子や郷土出身の探偵作家大下宇陀児の作品（コピー）を無料で読むことができる図書コーナーもあり広く公開しています。さらに、博物館前には世界に1台しかない電気機関車ED19-1が展示してあり、多くの鉄道ファンの方が遠方からお見えになっています。

当館は「ここに来れば箕輪がわかる！」を目指して日々活動しておりますので、長野にお越しの際は、ぜひお立ち寄りください。

〒399-4601
長野県上伊那郡箕輪町大字中箕輪10286-3（箕輪町役場南）
TEL・FAX：0265-79-4860
hakubutsukan@town.minowa.lg.jp
https://www.town.minowa.lg.jp/bunka/shogai0009.html

開館時間：午前9時～午後5時（入館は午後4時半まで）
休館日：月曜日・祝祭日・年末年始

大人（19歳以上）：一般100円、団体60円
小人（18歳以下）：無料
※団体料金は20名以上。

鉄道／JR飯田線伊那松島駅下車、徒歩10分（東京・名古屋より約3時間）。
自動車／中央自動車道 伊北ICより伊那方面へ約4Km、約5分。または中央自動車道 伊北ICより松本方面へ約10Km、約15分（東京より約2時間30分、名古屋より2時間）。

イベント情報／探鳥会、電気機関車ふれあいデー、勾玉づくり体験会、天体観察会といった各種講座のほか、毎年秋に特別展を開催しています。

考古・歴史の展示室は、縄文時代から近世までの箕輪に関する資料を展示しています。特に縄文時代の資料は、土器、土偶、石器など多くの資料や、県宝に指定されている4点の土器も常時展示しています。

民俗の展示室では、郷土に伝わる民俗資料を展示しています。農業、養蚕など生業にまつわる資料や、衣服や調理器具、照明器具といった生活に関する資料を展示しています。また、実際に演奏できる足踏みオルガンもあり、大変好評です。

自然の展示室では、花、魚、動物、鳥、岩石など、郷土の自然に関する資料を展示しています。また、樹木や社叢などの天然記念物について紹介しています。

民俗の展示室には古い民家の一室を移築した囲炉裏の部屋があり、上がって見学することもできます。昭和時代前半の箕輪の民家を再現しており、食卓には当時の食事も再現され、タイムスリップした感覚でご覧いただけます。

43

二単位抽象文上底有孔鍔付土器
（にたんいちゅうしょうもんあげぞこゆうこうつばつきどき）

箕輪町　上の林遺跡
（みのわまち　うえのはやしいせき）

縄文時代中期中葉　器高32.1cm　口径17.3cm　底径21.9cm

描かれた文様は動物か人間か、
はたまた精霊か?

形態は口縁付近に孔（あな）がある有孔鍔付土器ですが、一般的な有孔鍔付土器とは異なり、細身で円柱状です。底部にかけてやや広がる器形で、上底である点も含めて珍しい土器です。こうした形態の有孔鍔付土器が全くない訳ではありませんが、同様の形態の土器のなかでは大きいことが特徴の一つです。胴部には、表裏二単位（表と裏に同じものが二つあること）の抽象文が見られますが、全く同様のものではなく、顔や背中の文様に相違が見られます。この抽象文が何を表現しているのかは不明で、動物なのか、人間なのか、もしかしたら精霊を象っているのかもしれません。さらに側面の隆帯（粘土紐を貼り付けたもの）に施された矢羽根（やばね）のような模様も左右非対称です。抽象文を囲むように文様が充填され、見れば見るほど面白い土器です。

抽象文には頭と短い手足が見られます。

この土器の残存率は高く、90%以上です。

裏の抽象文です。
背中に文様がありません。

正面の抽象文です。背中には丸や三叉文（さんさもん）（鋭い三角形の刻み）を施しています。

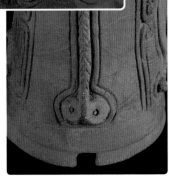
底部には窓があり、上底であることがわかります。

口縁部に孔があり、その下に鍔を有しています。

側面の隆帯の矢羽根のような模様は左右非対象（上向きと下向き）です。

⓬ 浅間縄文ミュージアム
Asama Jomon Museum

浅間山と焼町土器を知ることができる高原のミュージアム

　浅間山の火山活動や美しい自然、山麓に栄えた縄文文化を展示紹介をしているミュージアムです。長野県と群馬県にまたがる浅間山(標高2568m)は日本に111あると言われる活火山の一つです。その雄大で美しい姿は、これまでくりかえされてきた火山活動から生み出されたものです。ミュージアムでは、その姿を眺めつつ浅間山麓に生息する動植物や、噴火活動の歴史、現在もおこなわれている火山観測の様子を知ることができます。その浅間山麓は、日当たりの良い南斜面と豊かな水があることで縄文人には大変住みよい環境でした。そのため浅間山麓には縄文時代の遺跡が多く存在します。川原田遺跡、宮平遺跡、滝沢遺跡、塚田遺跡などの発掘調査で出土した縄文土器や石器、縄文人が食べた動物の骨やドングリなどの植物の実、土製の耳飾りや翡翠のペンダントなどの装身具が展示されています。特に重要文化財に指定されている焼町土器は、その華麗な姿から現代でも多くの人々を魅了し続けています。また、原寸大の川原田遺跡から発掘された竪穴式住居の模型や、復元した縄文人女性などさまざまな展示物があります。

〒389-0207
長野県北佐久郡御代田町大字馬瀬口1901-1
TEL:0267-32-8922　FAX:0267-32-8923
http://w2.avis.ne.jp/~jomon/

開館時間:午前9時30分～午後5時(午後4時30分までに入館)
休館日:月曜日・祝日の翌日・館内整理日
祝日は開館。祝日が月曜日の場合は開館、その翌日が休館

大人:一般500円、団体400円
小人:一般300円、団体200円
※団体料金は20名以上。
※障害者手帳をお持ちの方と介助者1名は上記料金の半額。

鉄道／しなの鉄道 御代田駅下車 徒歩7分。
自動車／上信越自動車道佐久インターより約10分。

イベント情報／縄文土器づくり、勾玉づくり、火起こし、弓矢体験等ができる体験工房、年間に数回おこなわれる企画展と博物館講演会

縄文人の躍動が伝わる壁画。

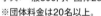

重要文化財が並ぶ特別展示室。

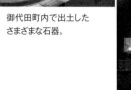

御代田町内で出土した
さまざまな石器。

復元した縄文人女性「ゆきえさん」。

浅間山麓の縄文世界へようこそ。

44 顔面装飾付釣手土器
（がんめんそうしょくつきつりてどき）

御代田町　宮平遺跡
（みよたまち）（みやだいらいせき）

縄文時代中期　器高26.6㎝　幅24.8㎝　長野県宝

キミは何を伝えたいのか？

J-33住居跡と名付けられた大型住居の石囲炉のそばから、縦に真っ二つに割れた状態で出土しました。顔面表現がある部分に欠損が見られますが、全体の約90％が残っており大変良好な状態でした。顔面表現として細長い目と高い鼻、鼻の下には人中といわれる筋が入り、真ん中の大きな空間部分はあんぐりと開いた口を表現していると考えられています。その姿から「あくびちゃん」という愛称で呼ばれています。鉢の部分には大量のススやコゲが付着しています。また、化学分析からクリやトチの実、もしくはそれをエサにした動物を加熱していたことが判明しました。釣手土器はランプのように使われていたと考えられていますが、この顔面装飾釣手土器はそれとは別の目的で利用された可能性もあります。その姿や利用方法などに不思議なことが多い土器です。

放射性炭素年代測定から約4600年前から約4800年前の土器と判明しました。

鼻の下の人中が口である説もあります。

裏面。正面とは雰囲気が異なります。

横側はハシゴのような装飾があります。

2018（平成30）年に、「信州の特色ある縄文土器」の一つとして長野県宝に指定されました。

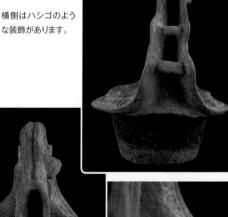

頂上部には一筋の線が刻まれています。

下の鉢の外側に大量のススがついています。

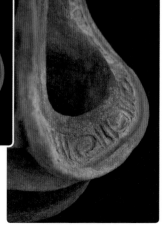

黒くなっている部分は吹きこぼれの跡。

45 焼町土器
やけまちどき

御代田町　川原田遺跡
みよたまち　かわらだいせき

縄文時代中期　器高48.4㎝　口径35.0㎝　重要文化財

浅間山麓に咲いた縄文の華

焼町土器は、浅間山南側(長野県)の千曲川上流域を中心に出土する縄文土器で、同じ長野県内の松本、諏訪地域、浅間山の北側である群馬県でも多くの焼町土器が出土しています。焼町土器の特徴は、ドーナツやメガネのような形の突起が付きます。

また、渦を巻くように付けられた粘土紐とたくさん描かれた曲線は躍動的で「流れる」ようなイメージがあります。焼町土器のように「流れる」文様は日本海側の縄文土器(上山田式土器)にも見られる特徴です。その一方で太平洋側の縄文土器(勝坂式土器、阿玉台式土器)はパネルのように「区画する」文様が特徴です。全く違う文様の付け方ですが、川原田遺跡からは焼町土器と一緒に「区画する」文様の土器が出土しています。そのことから他の地域の縄文土器を受け入れて交流をしていたと考えられます。

小さな突起を正面にするとまた違った雰囲気がでます。

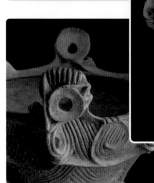

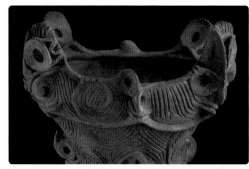

躍動的に流れるようなイメージの文様

大きなドーナツ状の突起は、見る者にインパクトをあたえています。

大小の突起が交互に並んでいます。

1999 (平成11) 年に、川原田遺跡出土の土器、石器は重要文化財に指定されました。

突起の組み合わせや粘土紐が豪華さを演出しています。

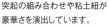

大きく曲がるように付けられた粘土の紐。

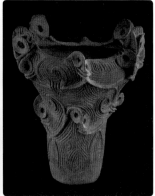

メガネような突起が文様のアクセントになっています。

❶ 朝日美術館・
朝日村歴史民俗資料館
Asahi Museum

Art & History, Folklore Museum！

長野県のほぼ中心に位置する朝日村は、恵まれた自然と地形によって縄文時代に多くの集落がつくられ、現在多くの縄文遺跡が確認されています。朝日美術館（朝日村歴史民俗資料館）は縄文中期の熊久保遺跡の上に建っています。外観は縄文時代竪穴住居をイメージし、オレンジ色のレトロな色合いを好むファンもたくさんいます。二階展示室には縄文土器や石器など約450点が展示されており、見ごたえ十分です。地域の縄文時代を知る土器資料として秀逸なものが多く、形や文様など芸術性にも富んでいます。考古学資料としても評価されており、県内外から調査に訪れます。はるか縄文時代へタイムスリップし思いを馳せましょう。平成14（2002）年には美術館も増設され、本格的なアート作品を楽しんでいただくことができるArt & History, Folklore Museumです。

〒390-1104
長野県東筑摩郡朝日村古見1308
TEL:0263-99-2359　FAX:0263-99-3624
https://www.vill.asahi.nagano.jp/special/
asahibijutsukan/index.html

開館時間：午前9時〜午後5時（入館は午後4時半まで）
休館日：月曜日（祝日の場合は翌日休館）
冬期休館（12月29日〜2月上旬）

一般：一般200円
大学・高校生：100円
中学・小学生：50円
※企画展・特別展は別料金となります。
※団体20名以上は2割引。

鉄道／JR中央本線 塩尻駅下車の場合：塩尻市地域振興バス（すてっぷくん）洗馬線乗車、「旧原口郵便局前」で下車、デマンドタクシーくるりん号に乗り換え、朝日美術館まで約45分。タクシーの場合、約20分（3,500円〜4,000円）。
松本駅下車の場合：松本バスターミナルよりアルピコ交通山形線乗車、「車庫前」で下車、デマンドタクシーくるりん号に乗り換え、朝日美術館まで約50分。タクシーの場合、約20分（6,000円〜7,000円）。
◎くるりん号予約センター　TEL:0263-52-2500
自動車／長野自動車道 塩尻ICより11Km、約25分。または長野自動車道 松本ICより14Km、約30分。

第1展示室は、古くから朝日村民の生活と経済を支えてきた産業（養蚕・林業・農業）で使用された道具や什器、衣類など生活用品や、村民から寄贈された村の歴史にかかわる資料を展示しています。嫁入りの際に花嫁が乗った馬の鞍「乗鞍」など、当時の地域に根付いた資料もご覧いただけます。

第2展示室には、当館が建つ熊久保遺跡や山鳥場遺跡から出土した土器や石器などの資料を中心に展示しています。露出展示での土器の数々は圧巻！ さまざまな角度から観察できるため、土器マニアの満足度は高いです。特徴的な文様「唐草文系土器」や大型の「焼町式土器」などの美しさと確かな芸術性から、縄文時代の名もなき人々の日常の美意識を想像できます。

深鉢や釣手土器、土偶や装飾用の耳飾りなどさまざま観ることができます。その用途を想像することで縄文当時の風習や人々の思いなど考えることができます。「埋甕」とされる深鉢土器などは、用途を考えることで学ぶことがたくさんあるでしょう。また種実圧痕（粘土のなかに混ざり込んだ種実などの跡）が確認された土器は、当時の植物利用を考えるうえでも貴重な資料となっており、ぜひ観察してみてください。

朝日村の自然風景と一体となっている朝日村歴史民俗資料館（朝日美術館）は、全国から縄文土器好きの方々が訪れます。縄文遺跡があった場所で景色を眺めることができ、縄文人と同じ風景を観ている気分になれます。朝日村は多くの縄文遺跡が確認されており、今でも土器片などが出土しています。縄文ロマンいっぱいの自然豊かな当館へいらしてください。

隣接する「縄文むら公園」には地元の小学生が参加し復元された「縄文時代竪穴住居」があり、人気の写真スポットになっています。公園では、朝日村出身の彫刻家上條俊介の作品や、現在も活躍する彫刻家の作品を身近に感じることができます。天気の良い日は家族連れや、友達同士でピクニックなどを楽しむことができます。

⁴⁶ 焼町式深鉢形土器
（やけまちしきふかばちがたどき）

朝日村　熊久保遺跡
（あさひむら）（くまくぼいせき）

縄文時代中期　器高約50.0㎝　口径約44.0㎝

うねりが止まらない！

「焼町式土器」は主に群馬県西部から長野県東部にかけて分布すると考えられています。朝日村熊久保遺跡出土のこの1点は、本場と言われている地域から「持ち込まれたもの」、または本場の作り手が朝日村の地に招かれてつくったものではないかとの見解があります。本場でもこれだけのレベルのものはなかなかお目にかかれない優品として資料価値の高い1点です。

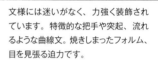

文様には迷いがなく、力強く装飾されています。特徴的な把手や突起、流れるような曲線文。焼きしまったフォルム、目を見張る迫力です。

デザイン化されていない自然なうねりの表現は、ガウディのサグラダファミリア（1882年施工）の彫刻に通じるものを感じます。当然、この土器の方が4000年以上も前に完成しています。流動的なうねりのなかに、真ん中に穴の開いた丸い飾りが配されています。目のようにも、耳のようにも、口のようにも受けとめられるこの装飾は、こちらが見られている、聞かれている、語りかけられているかのような、不思議な感覚を与えます。生き物か、火や水などのエネルギーの表現か、真相は謎です。こんなに躍動感のある器をなぜつくり、どのように使ったのか、興味は尽きません。

⑭ 大桑村歴史民俗資料館
Ookuwa Village History Folk Customs Museum

木の香りやぬくもりに包まれて大桑村の歴史を探訪しませんか?

　資料館は「大桑村スポーツ公園」内にあり、三色桃・八重桜・モミジなどの樹木や芝生が植栽され、四季折々の花が咲く緑豊かな自然に囲まれています。資料館前の池にはたくさんの鯉が泳ぎ、園内を流れるせせらぎにも無数の水生生物が生息し、村内外からの来園者の憩いの場にもなっています。

　資料館は1986（昭和61）年に建設されました。建物は、村内の木曽檜をはじめ木曽五木などの木材を使い、伝統的な小屋組技法（国の重要文化財「定勝寺」と同じ造り）によって建てられています。まず玄関ホールでは天井の網代編みが迎えてくれます。網代編みとはネズコ材を「へぐ」ことによってつくられた薄板を組み合わせた伝統工芸の一つです。展示室ホールへ入ってすぐ右側にジオラマがあり大桑村が総面積の95％程を森林が占めていることや、村の北東から東側に聳える中央アルプスの峰々、村内の名所旧跡の位置が手に取るようにわかります。ホールのなかを見ると高い天井を支える木曽五木の通し柱が目を引きます。数年前に増築された多目的室では、絵画・陶芸・書道などの作品展や村の歴史に関する企画展を開催し、「人と文化が輝き歴史が息づくむらづくり」の場を提供しています。

〒399-5501
長野県木曽郡大桑村大字殿1-58
TEL:0264-55-3550
http://www.vill.ookuwa.nagano.jp/kyouiku/kyouiku/rekishiminzoku_shiryoukan.html

開館時間：午前9時～午後4時半
休館日：月曜日・年末年始
祝日は開館。祝日が月曜日の場合は開館、その翌日が休館

大人（高校生以上）：一般200円、団体150円
小人（小・中学生）：一般100円、団体50円
※団体料金は20名以上。

鉄道／JR中央本線須原駅下車、徒歩10分。
自動車／長野自動車道塩尻ICからR19経由、約1時間30分。
中央自動車道中津川ICからR19経由約40分「須原」信号より約1分。

イベント情報／毎年公園内で「森の里の秋まつり」が開催（ここ数年は新型コロナ感染症の影響で中止）され、大桑村関連の物産品の販売や村民が、日頃の生涯学習の成果の展示が行われています。資料館でも「森の里の秋まつり」に合わせて、村内の小中学生作品展が開催されます。

【展示ホール】資料館のなかでは一番広いスペースで、村内小中学生の美術作品・学習物の展示が毎年秋に開催されます。座席は最大100席程設置できるので、各種講演会やミニコンサートも開催できます。プロの演奏家からも「音響が良い」とお墨付きをいただいています。

【道と宿・養蚕】江戸時代からの生活用具・農具を展示し、「木曽街道十一宿図」で木曽の宿場を紹介。明治から昭和初期にかけて、木曽谷第一の養蚕地であった「大桑の養蚕」を思い起こさせる数々の用具を展示しています。

悠久のほほ笑みピンバッチあり。

【特別展示室】村内の縄文・弥生遺跡の土器・石器・石鏃などの出土品、中世から近世の文化財やレプリカが展示されています。長野県宝「人面装飾付有孔鍔付土器」（愛称「悠久のほほ笑み」）もこのコーナーに展示されています。

【昔懐かしい生活の道具】大正時代から昭和40年ごろにかけてのさまざまな「もの」。年配の方にとっては、懐かしい情景や記憶をたぐりよせる品々が。若い方には、新しい発見や驚きがあるかもしれません。また、統合された小学校で使われていた校長先生の机や教科書・教材のなどを展示し、オルガンは音を出して演奏できます。昔の遊びコーナーでは、お手玉・双六など実際に触れて遊べるものもあります。

47 人面装飾付有孔鍔付土器
じんめんそうしょくつきゆうこうつばつきどき

大桑村 大野遺跡
おおくわむら おおのいせき

縄文時代中期　器高約43.0㎝　胴回り約32.0㎝　人面装飾の径約25.0㎝　長野県宝

愛称「悠久のほほ笑み」

この土器は平成11（1999）年に大桑村・伊奈川の大野遺跡で見つかった、縄文時代中期の竪穴住居跡から出土しました。この人面装飾は同じ種類の土器のなかでは、現在のところ、「日本一大きい顔」とされ、注目を集めています。とても貴重な土器なので平成13（2001）年に大桑村の「有形文化財」に、さらに平成30（2018）年には「信州の特色ある土器」として長野県の県宝に指定されています。

「有孔鍔付土器」とは、平らな口縁の下に並んだ小さな孔（あな）と鍔のような出っ張りが巡るのが特徴です。発見される数がとても少ないので、「祭り」に使われた特別な土器だったと考えられています。使い方は、酒を造るための容器だったという説と、太鼓の胴だったという説が有力です。

丸顔・眉と鼻が繋がる・切れ長の目・楕円形の口は中部高地の縄文時代中期中葉の人面把手土器の基本形です。

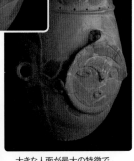

大きな人面が最大の特徴で、他の装飾はシンプルです。

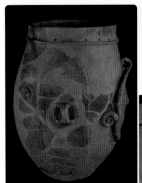

裏側については、破片が皆無であり詳細は不明。

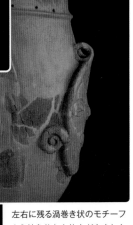

左右に残る渦巻き状のモチーフから抽象的な人体文が存在した可能性が考えられますが、あくまでも推定の域を出ません。

この人面装飾は同じ種類の土器のなかでは、現在のところ、「日本一大きい顔」とされ、全国的な注目を集めています。

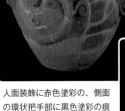

人面装飾に赤色塗彩の、側面の環状把手部に黒色塗彩の痕跡がかすかに観察されます。

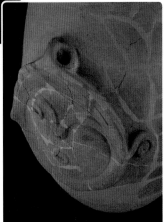

有孔鍔付土器は何らかの儀礼・祭祀に使われたのち、壊され、顔面部分は見られないように伏せて廃棄され（送られ）た、と考えられます。

原始・古代ロマン体験館
Nagawa Hands-on Museum of Prehistoric Archaeology

ゆっくりと土器づくり

　ロマン体験館がある長和町には和田峠や、日本でも類例の少ない縄文時代の黒耀石鉱山「星糞峠」といった本州を代表する黒耀石原産地があります。黒耀石は鋭い割れ口を持つ天然のガラスで、旧石器時代や縄文時代には狩りの道具や、肉を切るためのナイフの素材としてとても人気がありました。なかでも長和町がある霧ヶ峰高原周辺の黒耀石は不純物が少なく良質な黒耀石として、日本の広範囲に流通していたことがわかっています。

　ロマン体験館は1992(平成4)年に開館した体験型博物館で、黒耀石鉱山を支えていた縄文時代のムラ跡から出土した縄文土器を中心に、旧石器時代から現代の人々のくらしの移り変わりを知ることができます。また、館名の通り体験学習として土器づくり体験を提供しており、実物の土器をよく観察しながらゆっくりと土器づくりに挑戦することもできます。

〒386-0601
長野県小県郡長和町大門1518
TEL:0268-68-4339　FAX:0268-68-4343
https://www.hoshikuso.jp/roman/

開館時間:午前9時〜午後5時
休館日:月曜日(祝祭日の場合は翌日)、
年末年始

大人(高校生以上):一般200円、団体180円
小人(小・中学生):一般100円、団体90円　未就学児は無料
※団体料金は10名以上。
土器づくり体験料:1000円(入館料含む。完成まで約2カ月。送料別)

アクセス／北陸新幹線JR東京駅から約90分、JR佐久平駅下車、R142経由で約50分。またはJRしなの鉄道上田駅下車、約100分、R152経由で約45分。JR中央線新宿駅から特急で約90分、JR岡谷駅下車、R142経由で約55分。JR中央線名古屋駅から特急で約90分、JR茅野駅下車、バスで約30分、白樺湖からはタクシーで約40分。　※お車でのお出かけをお勧めします。

イベント情報／長和町では、毎年8月下旬に星糞峠の麓にある黒耀石体験ミュージアムで「黒耀石のふるさと祭り」を開催しています。祭りでは、黒耀石の矢じりがついた弓矢を打つ体験や、黒耀石のナイフで肉を切る体験など、当日限定のワークショップを開催しています。

館内の体験室では、最大72名が一度に土器づくり体験をすることができます。

ロマン館で制作したオリジナルグッズも販売中です。

館内には復原された縄文時代の竪穴住居に加えて、昭和初期の茅葺き屋根の家が移設展示されており、くらしの移り変わりについて考えてみることができます。

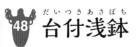

48 台付浅鉢
だいつきあさばち

長和町　大仁反遺跡
ながわまち　おおにたんいせき

縄文時代中期　器高22.8cm　直径35.0cm

恵みを満たす祈りの土器

この台付浅鉢は縄文時代中期（約5000年前）の土器です。

重量のある大きな浅鉢の下部にはミミズクを表現したと思われる彫刻的な台が付き、波打つように形をつくり出した口縁部には、渦を巻くヘビを表現したと思われる装飾も見られます。そして、大きく口が開いた浅鉢の内外面には、鮮やかな朱と黒の塗料が塗られていました。

生命力の強い身近な生物を配し、色鮮やかに彩られたこの土器は、その器を満たす恵みを願うムラの祭りで用いられた特別な道具だったのではないでしょうか。

膨らみのあるデザインは、豊かさを願ったという説もあります。

渦巻きと刻みの半立体的な模様は、ヘビがモチーフになっていると考えられています。

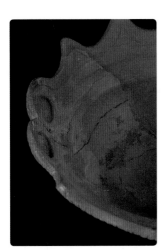

朱と黒の塗料で彩られた痕跡が残っています。

造形とバランスを支える高度な土器づくりの技術がうかがえます。

台の部分を観察するとミミズクの顔（眼とくちばし）のように見えます。

規則性のある波状に割り付けられた口縁部の造形。

⑯ 長野県立歴史館
Nagano Prefectural Museum of History

長野県4万年の軌跡がここにある!

　今から約4万年前、海を渡ってきた人類は山々に囲まれた自然豊かな信州・長野県にやってきたと考えられていて、長い時間をかけて築き上げたいろんな時代の生活の痕跡が各地で見つかっています。常設展示室では、各地の発掘調査で見つかった土器や石器を展示していますが、その一つ一つは古代の人たちが時間をかけてつくり上げた生活に欠かせないものです。姿かたちは似ていますが、同じものは一つとして存在していません。そして、歴史を物語るのは発掘調査の出土品だけではありません。古文書や屏風といった紙に残された文字や絵は、時代に名前を残した人々の様子が鮮明にわかるだけでなく、教科書では学ぶことができない地域の歴史を掘り起こしてくれる重要な存在です。長野県立歴史館で保管している数十万点の資料は、全てがオンリーワンで、信州の歴史を紐解く大きな遺産と言えます。たくさんの資料からどんな信州の歴史が見えてくるのでしょうか。ぜひ、その目で見て、想いを馳せてみてください。

〒387-0007
長野県千曲市大字屋代260-6（科野の里歴史公園内）
TEL:026-274-2000　FAX:026-274-3996
https://www.npmh.net/

開館時間：
3月〜11月：午前9時〜午後5時（入館は午後4時半まで）
12月〜2月：午前9時〜午後4時（入館は午後3時半まで）

休館日：月曜日・祝日の翌日・年末年始
祝日は開館。祝日が月曜日の場合は開館、その翌日が休館

大人：
常設展示室：一般300円、団体200円
企画展示室：一般300円、団体200円
常設展＋企画展：一般500円、団体400円
小人：
常設展示室：一般150円、団体100円
企画展示室：一般150円、団体100円
常設展＋企画展：一般250円、団体200円
※団体料金は20名以上。
※障害者手帳をお持ちの方と介助者1名は無料。

鉄道／しなの鉄道 屋代駅または屋代高校前駅下車、徒歩25分。
自動車／長野自動車道更埴インターチェンジより約5分。

イベント情報／各種講座・時期ごとに開催する企画展示のほか、大型連休や夏休みには子ども向けのイベント、冬にはクリスマスリースをつくるイベントも開催しています。

常設展示室の入口では、実物大に復元したナウマンゾウが出迎えてくれます。その大きさに目が行きがちですが、足元をよく見るとナウマンゾウの足跡が地面にめり込んでいます。その理由はナウマンゾウの後ろの絵に隠されています。実は、近付くと挨拶をしてくれる当館の愛すべき存在です。

常設展示室・原始の縄文時代のフロアでは、今から約6000年前の八ヶ岳の麓に住んでいた人たちのムラ（阿久遺跡）を再現しています。縄文人はどんな風景を見ていたのでしょうか。

常設展示室・原始から古代の展示フロアでは多くの出土品や模型を展示しています。長野県北部の弥生時代を代表する「赤い土器（箱清水式土器）」や、弥生時代以降の農耕を支えた木製の道具などがあります。

常設展示室・近世のフロアでは江戸時代の農家が再現されています。家を支えるその柱は実際に300年の間、生活に寄り添った本物の部材を使用しています。ススによって黒くなった柱は、その年月の長さを物語っています。

県立歴史館のとなりには「科野の里歴史公園」があり、古墳時代のムラが再現されています。季節によっていろんな情景が楽しめます。

49 円環突起付台付鉢
えんかんとっ き つきだいつきばち

塩尻市　上木戸遺跡
しおじりし　うえきどいせき

縄文時代中期中葉　器高24.0㎝　口径16.4㎝

土器にひしめく水のうねり

今から約5000年前の縄文時代中期（焼町式終末期）につくら
れた土器です。やや丸味のあるカップのような器形で、本来
は台座が取り付けられていましたが欠損しています。表面に
は胴部から口縁部に至るまでコイルばねのような装飾がみら
れ、その間を埋めるかのようにドーナツ形の円環がいくつも
取り付けられています。また、コイルと円環が重なった突起
が鉤爪のように四つ立ち上がり、突起の下には把手もありま
す。このような把手と円環の特徴は、この次に八ヶ岳西南麓
地域から甲府盆地を中心に現れる「水煙文土器」に引き継が
れていくと考えられています。

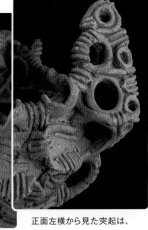

正面左横から見た突起は、
円環とコイルばねのような
装飾が規則的に重なってい
るように見えます。

実は、突起の装飾は左右対称
ではありません。正面右横か
ら見ると、上から2番目の円
環は半円の状態になっていま
す。一体どのような意図があっ
たのでしょうか。

左右非対称の突起を正面か
ら見ると、異形の生き物に
も見え、うなりを上げてい
るかのようです。

見る角度によって大きく印象が変
わる土器で、360度楽しめるので
はないでしょうか。

突起の内側も装飾で埋め尽くされていて、
装飾への強いこだわりが伝わってきます。

動物装飾付釣手土器

富士見町　札沢遺跡

縄文時代中期中葉　器高16.6㎝　最大径21.3㎝　長野県宝

暗闇に浮かぶ影は神の姿か

富士見町の札沢遺跡から出土したと伝えられるこの土器は、今から約5200年前の縄文時代中期（藤内式末期）につくられた釣手土器の一つです。鉢のような形の本体に、２本の釣手がアーチ状に取り付けられていますが、最大の特徴は釣手部分と、その背後のドーナツ形の円環に取り付けられた生物とみられる装飾です。手足はなく、短い胴体と逆三角形（ハート形）の頭は、ヘビ（マムシ）を連想させます。４匹の生物は同じ方向を向き、見る者と対峙するようです。釣手土器は内部が煤けているものが多いため、ランプのように火を灯して使われたと考えられ、考古学者の藤森栄一は「呪術者の家に吊られた神の灯」と推測しています。唯一無二の造形は、縄文人の写実性と精神世界を表しているのかもしれません。

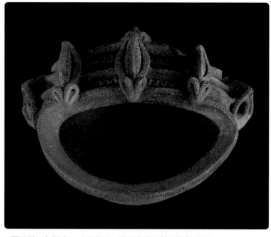

頭は逆三角形（ハート形）で、目の表現は鋭い印象です。

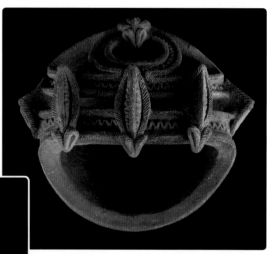

上から見ると開口部が大きいことがわかります。ここで火を灯したのでしょうか。

正面から見ると釣手部分に3匹、奥から覗き込むように1匹がこちらを向いています。

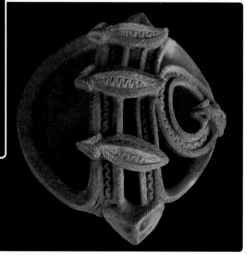

釣手部分と背後を繋ぐ円環をよじ登るように4匹目がいます。

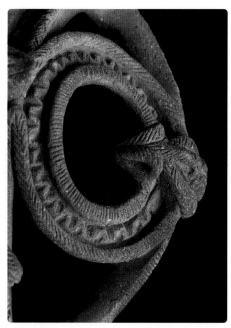

横から見ると3匹の尻尾が
ピンと跳ね上がっています。

4匹目は落ちないように体を「く」の字に折り曲げて、
土器の表面にぴったりとくっついています。

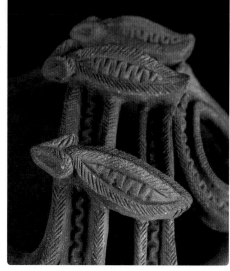

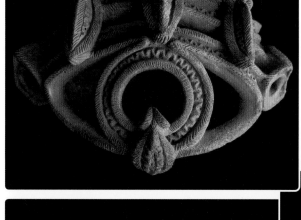

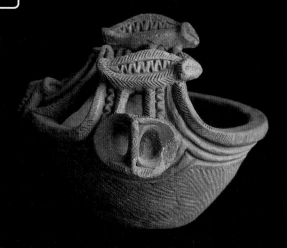

長野県内の遺跡情報
ここは井戸尻遺跡です。

この本で紹介した土器・土偶が出土した遺跡は、以下の場所になります。

観音 p21-22 地図番号	遺跡名	住所
①	ほうろく屋敷遺跡	安曇野市明科町南陸郷小泉
②	他谷遺跡	安曇野市穂高町
③	大仁反遺跡	小県郡長門町岩井
④	川原田遺跡	北佐久郡御代田町大字塩野字川原田
⑤	宮平遺跡	北佐久郡御代田町大字豊昇字宮平
⑥	熊久保遺跡	東筑摩郡朝日村古見
⑦	上木戸遺跡	佐久市岩村田
⑧	焼町遺跡	塩尻市上西条
⑨	榎垣外遺跡	岡谷市長地
⑩	海戸遺跡	岡谷市天竜町
⑪	穴場遺跡	諏訪市上諏訪双葉ケ丘
⑫	大ダッショ遺跡	諏訪市元町
⑬	荒神山遺跡	諏訪市湖南字南大熊小字荒神山
⑭	上の林遺跡	上伊那郡箕輪町大字中箕輪
⑮	御殿場遺跡	伊那市富県
⑯	石仏遺跡	上伊那群長谷村大字溝口
⑰	大野遺跡	木曽郡大桑村
⑱	勝山遺跡	茅野市宮川
⑲	下ノ原遺跡	茅野市玉川字荒神
⑳	茅野和田遺跡	茅野市玉川字粟沢
㉑	梨ノ木遺跡	茅野市豊平下古田
㉒	棚畑遺跡	茅野市米沢埴原田
㉓	丸山遺跡	茅野市米沢北大塩
㉔	一ノ瀬遺跡	茅野市米沢塩沢
㉕	中ッ原遺跡	茅野市湖東
㉖	長峯遺跡	茅野市北山芹ケ沢
㉗	居沢尾根遺跡	諏訪郡原村菖蒲沢
㉘	前尾根遺跡	諏訪郡原村柏木
㉙	徳久利遺跡	諏訪郡原村南原
㉚	立沢遺跡	諏訪郡富士見町立沢
㉛	札沢遺跡	諏訪郡富士見町立沢
㉜	曽利遺跡	諏訪郡富士見町境
㉜	井戸尻遺跡	諏訪郡富士見町境
㉜	九兵衛尾根遺跡	諏訪郡富士見町落合
㉜	藤内遺跡	諏訪郡富士見町落合
㉜	下原遺跡	諏訪郡富士見町落合
㉜	坂上遺跡	諏訪郡富士見町落合
㉜	新道遺跡	諏訪郡富士見町境

縄文人が見ていた
土器の姿へ

一瀬一浩

　通常の土器の修復は、特殊な材料を用いて行われているように思われますが、実はホームセンターで売られているような接着剤で接合し、不足している部分は石膏で補填していきます。このような材料は、修復の歴史のなかで、もしも新たに接合ができる破片が出土した際に、再度修復ができるという点で利用されてきています。実際、釈迦堂遺跡から出土した土器も、発掘調査後に洗浄されこのような手法で修復されています。しかし、すでに修復から35年以上が経過し、修復部分の劣化が進んでいます。接着力の低下や石膏部分の痩せ・ひび割れなどの劣化が見られるようになってきました。これは土器全体の崩壊につながるため危険な状態です。このようななか、釈迦堂遺跡博物館では改めて修理を行うことで縄文人が見ていた土器の姿へと戻すとともに、重要文化財を後世に残す作業を続けています。

解体前

　過去に修復されている状態を観察し、再修復の際の方法や注意事項などをまとめていきます。また、再修復による形状の変化などを想定しながら、過度の修復とならないように文様の連続性や欠損した把手や突起などの復元の有無などを事前に細かく検討します。

修理前の様子

解体から再組み上げ

　解体するためには古い接着剤や石膏を取り除く必要があります。細心の注意を払い少しずつ解体し、破片をクリーニングします。破片によっては古い石膏が内部に浸透し、石膏を取り除くことで損壊の可能性がある場合、除去を行わないこともあります。また、なかには破片の接合

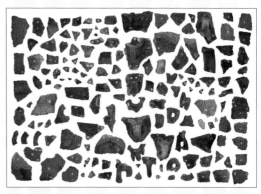

解体された破片

再接合をしているところ

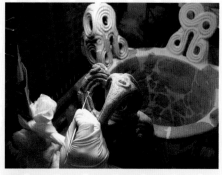

充填1

充填2

面が脆い場合があるため、一部を樹脂（じゅし）で強化させることもあります。破片になった状態になると、文様や色調、厚さ、角度などを観察しても連続性が確認できないものが出てくることがあります。この場合、本来その破片がどの位置にあるべきなのかなどの検討を行います。また、再組み上げの際には、わずかなズレが全体の形状に影響を及ぼすため、詳細に確認を行っていきます。その後、さらに検証を行い細かな修正を加え、全体のバランスを調整していきます。

補填部の施文（せもん）と補彩（ほさい）

　再修復では、長期的な視点で強度や劣化などの保存の面でも優れていると考えられているアクリル系接着剤や合成樹脂を用いて修復を行っています。補填部分については、文様の連続性が確認できる場合にのみ施文を行います。施文については、過度な施文を行うと誤った特徴となってしまうため、特に慎重な検討を行いながら作業が進められます。また、補彩については、表面は全体のイメージを保持するため現存部と同色に調整していますが、内部は現存部と補填部がわかるように差を設けています。

（いちのせ・かずひろ　釈迦堂遺跡博物館　学芸員）

（資料提供：釈迦堂遺跡博物館）

充填　　　　　　　　完了

大変なんじゃよ

たのしそう!!!

ワク　ワク

縄文美に陶酔

三輪嘉六

　縄文時代の人々はその環境を基に狩猟採集民として、ほぼ定住的な生活環境をつくり上げ、およそ1万2000年前から日本列島全体に及ぶ文化的拡まりが始まります。そしてそれぞれの地域の自然条件を背景に、特徴的な縄文文化を発達させました。それも全国一様でなく、時として地域相互に影響をもたらし合いながら地域の個性をつくり上げています。縄文時代のこうした様相が明らかになったのは、60、70年代の土地開発を背景とした発掘調査に基づく縄文遺跡の解明によるところが大きいでしょう。

　そんななか、各地で新しい発見が相継ぎますが、長野県の尖石や与助尾根などの遺跡はそれ以前から詳細な調査が行われていました。そして、その後の各地の縄文文化研究の指標的役割を果たし、縄文時代研究の基礎づくりに大きく貢献してきたのです。

　北海道・東北地方各地でも亀ヶ岡文化など、早くから知られた遺跡はありますが、特に近年の発掘調査のなかで新鮮な考古学的成果を得てきました。そんな事情を背景に、日本の長い間の悲願に近い「世界遺産に縄文を！」という声が起こってきました。これまで縄文遺跡は、ある一面では日本で最も普遍的な文化として多くの人に親しまれながらも、世界遺産化から取り残されてきました。それが昨年の7月、「北海道・北東北の縄文遺跡群」が世界遺産に登録されたのです。構成資産は三内丸山遺跡（青森県）や大湯環状列石（秋田県）など17ヶ所です。これに異議を挟むつもりは毛頭ありませんが、つい、山梨県と長野県に代表される中部山岳地の縄文文化を一体どのように評価するのか、という思いにかられます。

　この縄文文化の特色を北の縄文、中部の縄文と矮小化してみると、残念ながら中部の縄文は古い時代の発掘により遺構が今に遺存していないことに少し引け目を感じます。しかし縄文土器を中心に眺めると、どれもが躍動的な雰囲気を漂わせ、動的で流れるような流線があり、太く力強い隆起動線で描く図様もあって、多彩で重厚な生活文化の表現を感じさせてくれます。そしてそこから発する美的な表現力に惹かれ、複雑な文様の謎解きに魅せられるのです。この様相は単調な円筒土器を中心とした北の縄文土器では殆ど見られないものであり、中部の土器文化を主軸とした世界遺産の価値を訴えたいものです。

　工芸としての縄文土器を見た場合、その素材は粘土です。ヒトの自由意志で形をつくることのできる粘土、それを用いた縄文人は実に多種多様な造形能力を発揮しました。しかし最初からそのような造形力があったわけではありません。土器の発達の諸段階でみると、縄文土器が躍動的な動態を表すようになる中期までに、6、7000年という途方もない年月の経過があるわけです。アメリカの建築家ルイス・サリヴァンの「形態は機能に従う」の言葉の具現化とでも言うべき煮沸用器としての甕形土器は、狩猟採集民である縄文人必携の器となり、器面装飾を中心に進化を続けます。そして中期になると、いわゆる火焔土器にみられるような、器面を際立たせる立体的方法も極限化してきます。しかもそれは本来の土器の機能とは全く別の事象として生まれてくるのです。つまり土器の加飾化ですが、この辺りの事情は山梨県と長野県の縄文土器文化の諸相に典型的で、わたくしはこれを日本美術生誕の動向として位置づけたいと考えます。

　日本美術の根本的な特色は、実用とは関係のない部分に過剰なまでの労力を注入する「装飾」です。つまり日本美術の礎である霊魂を祀るための装厳の空間を再現したような美と言えるでしょう。その見どころはまさに「かざり」即ち装飾に発揮された縄文人の非凡な才能にあるのでしょうが、その一典型が山梨県と長野県に見出される数々の縄文表現であると言わずにはいられません。これらの装飾の多くは呪術的辟邪（魔除け）の祈りや、それに近い表現であったと考えられ、日本美術の源流についての新しい見方を提起しているように思えるのです。

　縄文土器にみる装飾には写実性が乏しく、そもそも写実を主題にすることは少なかったのですが、それは決して縄文人の能力に写実力が無かったからではありません。上山遺跡（新潟県）出土の巻貝形土製品などその彫塑力はきわめて写実性に富むことを縄文人の名誉のために強調しておきましょう。その上で縄文土器の文様は、写実し難い呪術的なものや生活の祈りに近いものが、様式化・形式化した造形力をもって表現されたと見るべきでしょう。それにしても、山梨県・長野県の中部高地周辺にみられる縄文土器文化の躍動感や多様性は、現代の新鮮な創造力の原動力に繋がるものばかりであり、そんなところに酔いしれてしまいます。

（みわ・かろく　前九州国立博物館 館長）

学ぼう JOMON

気候変動を乗り越えて

小松隆史

長い氷河期も、寒さのピークを越えて終わりに向かおうとするころ、当時の日本列島に土器をつくる人々が現れました。約1万1000年前から温暖化が進み、縄文時代早期の終わりごろ、約7000年前には海水面が今よりも2〜3m高かったと言われています。気温が2〜3度高くなったことで、それまでの亜寒帯性の針葉樹林からナラやクリなどの落葉広葉樹林や、シイなどの照葉樹林に代わり、イノシシやニホンジカなどの動物が増えました。

山梨県と長野県の縄文文化が繁栄したころ、1年の平均気温はだいたい今と同じくらいだと考えられていますが、徐々に気温は下がっていき、中期後半から後期には、今よりも1〜2度低かったと言われています。

また縄文時代は火山活動も活発でした。さかんに噴火を繰り返していた富士山が今のような美しい姿になったのは、約5600年前、縄文時代前期の終わりごろのことです。中期後半、後期、晩期にも噴火を繰り返し、周辺の村にも大きな影響を与えていたことが、遺跡の発掘から知られるようになりました。

北東から南西に長く伸びた日本列島は、大地の壮大な活動によって生み出されました。雨も多く、四季の変化に富む日本は美しい自然のなかに育まれ、その風土のなかで人々は生きてきました。そして同時に、地震や台風、そして火山活動など、大自然の力に圧倒され続けているのも事実です。自然をコントロールしよう、自然を克服しようなどとは考えず、自らもその一部として必死に生き抜いてきた縄文人の姿から、今の私たちが学ぶことは多いのではないでしょうか。

（こまつ・たかし　井戸尻考古館　館長）

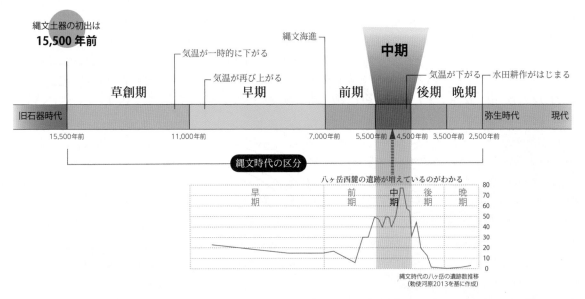

『信州の縄文時代が実はすごかったという本』（藤森英二著　信濃毎日新聞社 2017）

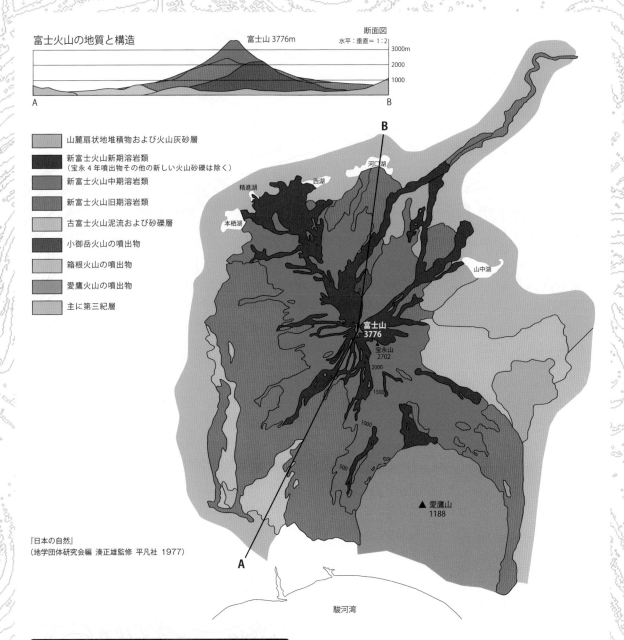

富士火山の地質と構造

断面図
水平：垂直＝ 1：2

富士山 3776m

- 山麓扇状地堆積物および火山灰砂層
- 新富士火山新期溶岩類
  （宝永4年噴出物その他の新しい火山砂礫は除く）
- 新富士火山中期溶岩類
- 新富士火山旧期溶岩類
- 古富士火山泥流および砂礫層
- 小御岳火山の噴出物
- 箱根火山の噴出物
- 愛鷹火山の噴出物
- 主に第三紀層

『日本の自然』
（地学団体研究会編 湊正雄監修 平凡社 1977）

河口湖
西湖
精進湖
本栖湖
山中湖

富士山
△3776

宝永山
2702

2000

1500

1000

500

▲ 愛鷹山
1188

駿河湾

噴火する富士山（イメージ）　　　（資料提供：井戸尻考古館）

山野を焼き尽くす恐ろしい火山活動。
けれど熔岩と降灰が大地を更新し、
いつしか新しい草木が育まれるのです。
日ごと夜ごと炎を噴き上げては、大きく成長する山。
縄文の人々は、破壊と新たな生命の誕生を前に
何を感じていたのでしょう。

縄文人のくらし方

小松隆史

雪解け、芽吹き、やわらかな日差し。凍り付いていた大地が目を覚まし、新しい生命が生まれる春。寒さ厳しい中部地方の山のムラでは、今も昔も、春の訪れのよろこびは変わりません。春の野は、さまざまな旬の味覚をもたらします。自然の恵みを味わいつつ、植物栽培も始めていた縄文人は、畑仕事も始めたかもしれません。夜明けが日毎に早くなり、明るくなると野山に出かけていたことでしょう。

夏になれば魚採りに川へ出かけます。渓流のヤマメやイワナ、遡上するサケは貴重なタンパク源です。そして川へ出れば、そこは石器の材料の宝庫。河原の礫をひろっては、石器づくりもしたことでしょう。朝、涼しいうちから活動し、暑い日中は、川に入ったり木陰でひと休みです。また森では、木の皮を剥いだり篠竹を採取して、荷縄や籠をつくったりもしました。

秋は嬉しい収穫の季節。山にはクリやクルミが実り、畑でも豆などの収穫が行われます。キノコや木の実の採集や遡上するサケの漁は、時間と、野生動物との戦いです。食事をとる間も惜しんで、村の大人も子どもも総出で行ったに違いありません。また秋は夏に採取したカラムシの繊維などで布を編みます。そして何より、土器づくり。夏前によく捏ねて寝かせておいた粘土で、土器をつくります。2～3日かけてつくった土器は1カ月ほど乾燥させて晩秋に焼き上げます。木々が水を上げなくなってからは、家を建てたりするための木を伐る季節でもありました。そして収穫の祭り。その年の実りと収穫を祝い、来るべき冬を迎え、乗り越えるために祭りを行ったことでしょう。

やがて冬がおとずれます。縄をなったり、衣類の繕いをしたり、屋内の仕事が多くなります。けれど冬は狩りの季節。男たちは黒耀石でつくった自慢の矢尻を矢につけて、獣を追ったのです。長く寒い冬。枯れ果てた大地が再び甦るよう祈りながら、人々は秋に蓄えた食べ物を分け合い、身を寄せ合って過ごしていました。暖かな春の日差しを夢見て。

（こまつ・たかし　井戸尻考古館 館長）

（写真提供：井戸尻考古館）

甘いアケビは子どもも大好き

また釣れた！

炎の中から、土器が生まれる

布を織っていたかも

河原では石器づくり

山々に石斧の音が響く

狙いを定めて

除草の道具（現代との比較）

石と鉄の斧（現代との比較）

石と鉄の鍬（くわ）（現代との比較）

さまざまな形の石斧

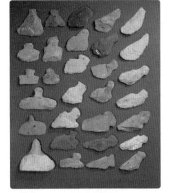
中耕除草具と考えられる石器

星降る里で縄文人を支えた黒耀石

太田光春

現在の、霧ケ峰高原周辺には星糞峠や星ヶ塔、星ケ台といった「星」の名前がつく地名があります。そして、これらの地名は標高1300m前後の高地にあり、本州を代表する良質な黒耀石の原産地という共通点もあります。また、なかでも星糞峠と星ヶ塔では縄文人が地下の黒耀石を求めて大規模な採掘を行っていた黒耀石鉱山が広がっており、その黒耀石は、最古の「信州ブランド」として遠くは北海道まで運ばれていました。

黒耀石鉱山の麓に位置する諏訪湖周辺のムラでは、大量の黒耀石が、まるで貯蔵するかのように浅くくぼんだ穴のなかに集められていました。似たような例は、山梨県でも見つかっています。これらのことを繋げて考えてみると、黒耀石鉱山の黒耀石は、一旦、採掘にやってきた人々がくらす麓のムラに集められ、黒耀石流通の役割を担っていた山梨のムラへと「黒耀石の道（オブシディアンロード）」を通って運ばれて行ったのではないでしょうか。現在の長野県から山梨県におよぶ中部高地の一帯では、数多くのムラが営まれ、生命力の強いヘビや食料として人気のあったイノシシなど、身近な動物や、表情豊かな人々の姿を土器の模様として描いた個性豊かで芸術性の高い地域としても知られています。中部高地の縄文人にとっての黒耀石は単なる石器の素材だけではなく、人と人、ムラとムラとを結びつけていたキーアイテムという一面があったのかもしれません。

黒耀石の原産地

日本国内では石器に使われた黒耀石の原産地は80〜100カ所程度と言われています。国内では北海道（十勝、白滝、置戸、赤井川）や長野県の霧ケ峰高原や八ヶ岳の周辺、栃木県の高原山、東京都の神津島、神奈川県から静岡県の伊豆・箱根、島根県の隠岐島、九州では佐賀県の腰岳や大分県の姫島が有名です。一口に原産地といっても、岩脈のように大きな黒耀石の塊として見られる場合や、星糞峠のように噴火口から流れ出した火砕流に含まれているもの、また、山すそを流れる沢や河川に転石として見られるものなど場所によってさまざまです。

信州産黒耀石の流通範囲

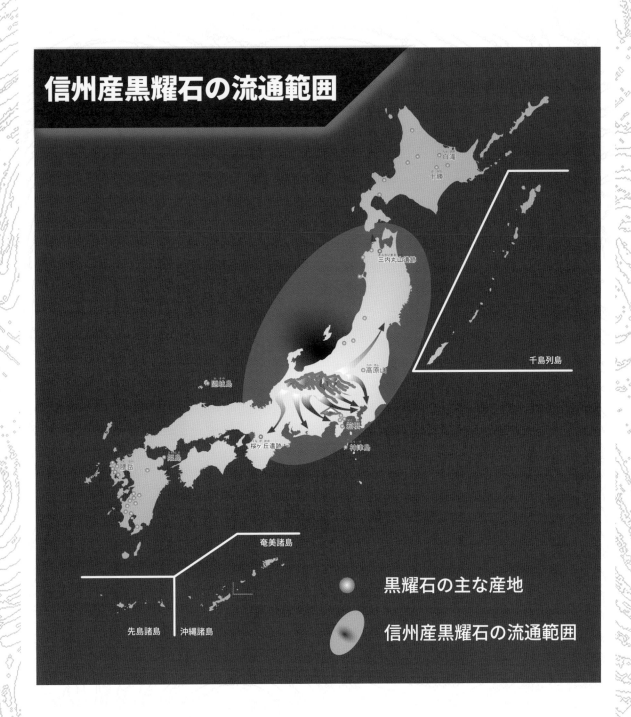

白滝

十勝

三内丸山遺跡

千島列島

隠岐島

高原山

姫島

神津島

桜ヶ丘遺跡

腰岳

奄美諸島

黒耀石の主な産地

信州産黒耀石の流通範囲

先島諸島 沖縄諸島

黒耀石とは？

　黒耀石はマグマが急激に冷やされることによってできる天然のガラスです。岩石としては流紋岩という岩石の一種で、普段我々が目にするガラスと同じ二酸化ケイ素が成分の7割以上を占めます。

　見た目は黒く、透明感のある光沢が見られるのが一般的です。しかし、産地によっては透明度が高かったり、赤色、灰色といった色の違いがあります。また、そのでき方にも、大きな岩脈から小粒の原石と、噴火の仕方によっても違いがみられます。

黒耀石

活用の歴史

　日本では、少なくとも約3万年前の旧石器時代から縄文時代、そして弥生時代の中ごろにかけて動物を狩る道具や肉を切るためのナイフの材料として非常に人気がありました。しかし、長野県では弥生時代の後半になって、黒耀石を打ち割ってつくる矢じりから、より重い石材をすり磨いてつくる磨製の矢じりに変わり、次第に金属製の矢じりへと変化していきます。これは、矢じりが狩りの道具から争いの道具である武器へと変化したためであるという説もあります。

縄文人が造った黒耀石の道具

　縄文時代の石器では、狩りの道具である矢じりや、石匙と呼ばれている肉などを切るナイフ、革や木などに穴をあける石錐（ドリル）などに黒耀石が利用されています。旧石器時代の石槍と比べると、縄文時代の矢じりなどは小さい原石からもつくることができます。また、縄文人は決まったかたちの石器以外にも、原石を打ち割って剥がした多様な形の薄いカケラ（剥片）をそのまま道具として利用していました。採掘などによって苦労して手に入れた資源を、無駄なく有効活用していたことがわかります。

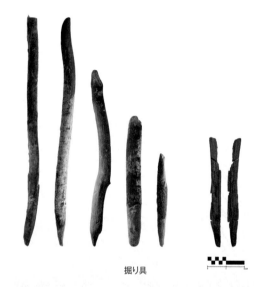

掘り具

展示室石鏃

調査分析の最新情報

　2016年から2019年にかけて、星糞峠で行われた発掘調査では、縄文人が黒耀石を採掘したときに使った両端の尖った掘り棒とピッケルのように使われた鹿の角、そして、土砂を運んだザルが発見されました。また、森の木を使って、背後に積み上げた土砂が崩れないように組まれた土留めの木柵が当時のままに発見され、木柵の前には、安全祈願のお守りだったのでしょうか、同じ形をした赤と黒の木の札が並んで置かれていました。縄文人の思いを伺わせる奇跡的な発見と言えます。

黒耀石について学べる専門館

　黒耀石体験ミュージアムは、星糞峠の麓に位置する体験型博物館です。展示室では町内の遺跡から出土した黒耀石製の石器を中心に、黒耀石と人類の歴史を知ることができます。また、体験室では黒耀石の矢じりづくりなど、縄文時代の道具づくりの体験をすることができます。ミュージアムから遊歩道を30分ほど歩いた星糞峠の一帯は、縄文時代の黒耀石鉱山を散策できる史跡公園となっており、公園内には迫力のある採掘跡の地下の様子を見学できる「黒耀石鉱山展示室　星くそ館」があります。

（おおた・あきはる　黒耀石体験ミュージアム　学芸員）

（資料提供：黒耀石体験ミュージアム）

黒耀石体験ミュージアム
〒386-0601 長野県小県郡長和町大門3670-3
TEL: 0268-41-8050
https://hoshikuso.jp

縄文時代中期の生活空間

小野正文

　この本の主体をなすのは縄文時代中期（約5000年前）であります。読者にはこの本をもって遺跡に赴き、実際に景観を観察していただくのが最も適切と思います。中部高地と呼ばれるこの地帯は3つのプレートがぶつかり合う、地球上でも珍しい地域であります。日本列島を分断するホッサマグナ、富士山、八ヶ岳といった火山があります。そこの遺跡群全体と文化圏を表す用語として井戸尻考古館では「富士眉月弧文化圏（ふじびげっこぶんかけん）」と呼んでいます。大概の遺跡は火山の裾野や扇状地、河岸段丘に位置して、やや高台に立地するのを常としています。

　この地帯は落葉広葉樹林（らくようこうようじゅりん）におおわれた地帯です。そのなかのやや高台に集落が営まれました。集落の周囲にはコナラ、ミズナラ、クヌギ、クリなど、水場にはクルミ、トチノキが繁茂し、開地となった住居周辺にはダイズやエゴマなどの植物が栽培され、イノシシは人間の食物残滓や排泄物を求めてやってきて、やがて飼養されたものと思われます。標高が高くなるとハシバミがあり、地表面にゼンマイ、コゴミ、ワラビなどがあります。ワラビは山菜として人気がありますが、むしろその根に多くのデンプンを含んでいます。同様にクズの根も利用されました。ワラビ、クズは、人間が手を加えた開地に繁茂する植物です。山野に至れば、食料となる動植物は400種類以上あったと推定されています。昆虫食は縄文時代からの伝統であったと思われます。

　狩猟獣はイノシシとシカが主ですが、狩猟具の乏しさから、陥穴猟が主であったと推定されます。なかでも、シカは、肉はもちろん毛皮や角、骨に至るまで利用価値の高い動物ですが、イノシシの造形や土製品があるのに比べて、ほとんどありません。ヘビやカエルは捕獲というより、採集のように捕らえることができます。筆者の経験では春先にガマガエルをカマス（筵で編んだ袋（むしろ））一杯獲ったのを見たことがあります。

　この中部高地と呼ばれる地帯に、縄文時代中期の遺跡が爆発的に増加し、本書の写真で見るように頗（すこぶ）る煩雑な文様を施した土器が出現するのは、先に触れた堅果類や根茎類が豊富であり、ひいては動物も豊富であったからだと思われます。それに、甲府盆地を例にとれば、標高約300m〜700mの範囲遺跡が立地します。これは距離の割に気候の多様性があるということです。自然に繁茂するドングリ類も意外に年により、豊作不作が著しいのですが、この多様性がリスク軽減に役立ったものと思われます。

　この時代の住居跡は大地を掘りくぼめた竪穴住居跡と呼ばれ、最近の研究ではカヤ葺きではなく土葺きで要所に樹皮で覆う方法であったと考えられています。掘建柱建物は樹皮で葺かれたものと思われます。住居の中央に石囲炉（いしがこいろ）もしくは埋甕炉（まいようろ）を持ちます。床面積は約16〜24㎡ですから、4、5人の家族がくらしていたものと推定されます。集落全体でも30〜50人程度ですから、外婚制となります。

　墓地は集落の中央部に設けられます。かならずしも副葬品を埋納するとは限りませんが、藤内特殊遺構（ないとくしゅいこう）や柳田遺跡（やなぎだいせき）など大形土器を土坑内に埋設する遺構があります。底部穿孔埋甕（ていぶせんこうめがめ）など80cm前後大形土器を土器棺として利用するのは中期の後半からで、桂野遺跡（かつらのいせき）の渦巻文土器が

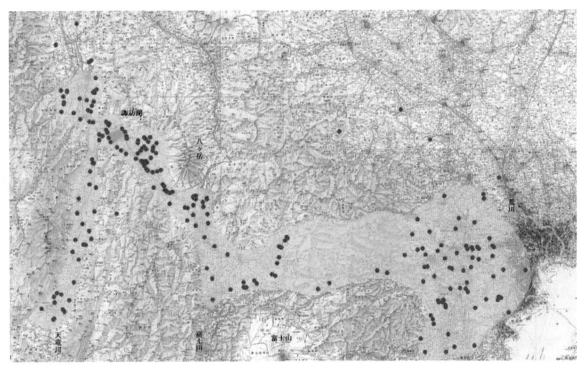

富士眉月弧文化圏（『井戸尻』第9集より　資料提供：井戸尻考古館）

著名です。安道寺（あんどうじ）遺跡（いせき）の大形水煙文土器は特殊な土坑から出土しています。

さて、縄文集落は、他の集落とネットワークを構成することが必須です。先に触れた「富士眉月弧文化圏」というネットワークは、本書に見えるように土器文様の共通性に顕著に現れます。しかしながら、このネットワークで完結するものではなく、さらに広範囲の地域とも交流をしていました。それは、新潟県産のヒスイや千葉県産のコハクの流通からもわかります。

なお、石器などは地味で図録などでもほとんど取り上げられる機会が少ないものです。最も数多く出土するのは打製石斧と呼ばれる土堀具です。多いときには百本を超えることもあります。消耗品のような使い方だったのでしょうか。ワラビ根、クズ根、ヤマイモの採取には欠かせない道具であり、ダイズやエゴマなどの栽培には、この外に大形の打製石匙も利用されたものと思われます。また、石皿、磨石なども植物利用に欠かせない道具だったのです。

（おの・まさふみ　元山梨県埋蔵文化財センター　所長）

縄文の食

長澤宏昌

　縄文人の食べ物は狩猟、漁労、採集、栽培、飼育によって成り立っていますが、海辺と山間など地域差により、その比重には差異があります。

　狩猟や漁労が縄文人の食料を支えていたことは言うまでもありません。弓矢、石槍、落とし穴、犬、漁網、銛や釣り針、丸木舟など、また、豊富な遺構（住居跡）や道具からも、それらが活発に行われていたことは理解されるでしょう。しかし、それにもまして、食料確保の比重が大きかったのが採集でした。とくにドングリ類、クリ、トチ、クルミなどの堅果類は「縄文の食」に非常に重要な地位を占めていました。

　ドングリ類は落葉広葉樹であるクヌギ類・ナラ類と、照葉樹であるカシ類・シイ類に分類され、東日本の植物相は落葉広葉樹が、西日本では照葉樹が主体です。落葉広葉樹林帯にはクリ・クルミ・トチノミが含まれますので、東日本の落葉広葉樹林帯には堅果類が非常に豊富であることになり、東日本で特に栄えた縄文文化を支えたのは、これら豊富な堅果類だったのです。

　クリやクルミ、照葉樹のうちシイ類はそのまま食べられますが、ドングリ類の多くとトチノミを食料にするためには、「アク抜き」が必要です。カシ類のアク抜きは水晒しだけで良いのですが、これに対し、落葉広葉樹のうちのナラ類は水晒しに加え加熱処理（＝土器による煮沸）が必要になります。つまりは東日本のドングリ類は西日本のそれに比べ、複雑なアク抜きを必要としています。しかし、それにもまして高度

トチノミ

①水さらし

②灰合わせ前（水入れ前）

③灰合わせ後

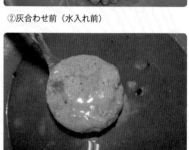

④灰合わせ2時間後

⑤もち米と合わせてつく前

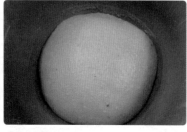

⑥餅つき後

⑦トチもち完成

なあく抜きを必要とするのがトチです。

ドングリ類のアクが水溶性のタンニンであるのに対し、トチのアクは非水溶性のサポニンやアロインであり、これはアルカリによる「灰あわせ」という中和技術が必要になります。荒割りしたトチノミを煮てそこに灰汁を加え、さらに水晒しをするという工程が必要となりますが、このトチより難しいアク抜きはないと言われているように、トチが食用化された段階で、ほとんど全ての可食植物の食用化が行われていると考えても差し支えありません。このようなアク抜きを絶対条件とするトチが少なくとも中期初頭（5500年前ごろ）には貯蔵されていることから、その時期にはこの技術が確立されていることは確実です。

ドングリ類やトチ、あるいは地下茎類を食料とするのは、実際にはそれから取り出されたデンプンを食料とすることを意味します。現在まで伝承されている民俗例を見ても、これらは食用化される段階で原形をとどめません。つまり、必然的に粉食となります。デンプンはダンゴ状あるいはカユ状にして土器で煮る場合と、パンあるいはクッキー状にして焼く場合とが想定されますが、実際に、山梨や長野を中心に全国各地の遺跡からこのような加工食品が出土しています。パンあるいはクッキー状炭化物のなかには、栽培植物であるエゴマが含まれており、山梨県北杜市寺所第2遺跡から見つかったパン状炭化物は、エゴマの集合体とも言えるほどびっしりと確認されています。おそらくデンプンとエゴマを混ぜて成形し、焼いたもの思われます。

堅果類は、狩猟や漁労に比べ確保の確実性で各段に優れているだけでなく、十分に乾燥すれば何年でも保存が可能だという点が特筆されるのです。山梨県大月市大月遺跡では、中期後半の集落が発掘されていますが、住居の外に掘られた1m、深さ30cm程度の円形土抗とその周辺から4000個近い、何種類かの皮付きのドングリ類が集中して出土しています。これは、採集したドングリ類を天日で乾燥している状況と考えられます。新潟県長岡市中道遺跡の中期後葉の火災住居内からはトチがまとまって出土しましたが、その出土状況が詳細に観察され、トチの実は茅のようなもので編んだ編篭に入れられ、乾燥のために住居の天井裏（屋根裏）に保存されていたものが、火災により屋根裏が焼け落ちたときに床に落ちたと結論づけられました。

このように、縄文人が「食料保存を意識して行っていた」ことは確実であり、それに最も有効な食料こそ、採集によって得られたドングリ類をはじめとする堅果類だったのです。

（ながさわ・こうしょう　前縄文王国山梨実行委員会　会長）

大泉村寺所第2遺跡出土クッキー状炭化物

パン状炭化物

左頁、トチノミの加工写真提供：山梨県埋蔵文化財センター
本頁左、パン状炭化物写真提供：井戸尻考古館
本項上、クッキー状炭化物写真：北杜市教育委員会

名所へ寄り路

縄文アートの旅すがら、
出会える見所のご案内です。

山梨県

甲府市

甲斐善光寺
武田信玄創建の寺。金堂、山門、《木造阿弥陀三尊像》は重要文化財。他、文化財を複数所蔵。
甲府駅から約3km。山梨県立考古博物館から約11km。

長禅寺
甲府五山の一つ。重要文化財の《絹本著色武田信虎夫人像》を所蔵。
甲府駅から約1km。山梨県立考古博物館から約10km。

藤村記念館（旧睦沢学校校舎）
1875（明治8）年建立の小学校校舎。擬洋風建築。現在は歴史や民俗の教育資料館として一般公開されている。
甲府駅北口前。山梨県立考古博物館から約10km。

銚子塚古墳・丸山塚古墳
国指定史跡。銚子塚は東日本最大級の前方後円墳。甲斐風土記の丘・曽根丘陵公園内にある。
甲府駅から約10km。山梨県立考古博物館の隣。

山梨県立美術館
「ミレーの美術館」として知られる。
甲府駅から約4km。山梨県立考古博物館から約11km。

笛吹市

姥塚
円墳。県指定史跡。横穴式石室は東日本最大規模。石室に入ることもできる。
石和温泉駅から約4km。山梨県立博物館から約2km。

茅葺古民家藤原邸
2011（平成23）年に古民家再生推進事業において改修された茅葺き屋根、土間、囲炉裏、水車。水車小屋には水車の動力を利用して回る石臼があり、小麦・蕎麦を製粉できる。
石和温泉駅から約15km。山梨県立博物館から約12km。

八田家書院
山梨県指定文化財。茅葺入母屋造りの書院造り建築。紅葉が見ごろの11月がおススメ。書院内には男の子用の5月の節句に使われる「つるし雛」が飾られ、春には「ひな飾り」が公開される。
石和温泉駅から約1km。山梨県立博物館から約2km。

南アルプス市

宝珠寺
重要文化財の《木造大日如来及四波羅蜜菩薩坐像》を所蔵。他、《木造毘沙門天立像》が市指定文化財。境内のマツが県指定天然記念物。
小井川駅から約8km。南アルプス市ふるさと文化伝承館から約8km。

法善護国寺
重要文化財の《紙本墨書大般若経》を所蔵。他、山梨県指定文化財多数あり。
小井川駅から約4.5km。南アルプス市ふるさと文化伝承館から約10km。

安藤家住宅
重要文化財。江戸時代に名主を務めた旧家。300年ほど前に建てられ、現在まで一度も火災に遭うことなく保存されている。
東花輪駅から約4.5km。南アルプス市ふるさと文化伝承館から約11km。

南アルプス市芦安山岳館
2003年に開館。芦安地域の自然、文化を紹介する。山岳文化を継承し、山を介した交流の実現を目指している。
塩崎駅から約16km。南アルプス市ふるさと文化伝承館から約14km。

韮崎市

苗敷山穂見神社
創建724（神亀元）年、奥宮は1736（元文元）年再建、1953（昭和28）年に改修。奥宮の社殿の権現造は、韮崎市の指定文化財。
韮崎駅から約10km。韮崎市民俗資料館から約11km。

韮崎中央公園

遊具が充実。本物のSLがある。
韮崎駅から約2km。韮崎市民俗資料館から約500m。

甲州市

大善寺

開創は718（養老2）年。通称「ぶどう寺」。
本堂（薬師堂）は国宝。他、重要文化財、山梨県指定文化財を複数所蔵。
寺内で醸造されたワインを味わうことができる。
勝沼ぶどう郷駅から約3km。釈迦堂遺跡博物館から約4km。

恵林寺

重要文化財、他、文化財を複数所蔵。
三つの立派な山門がある。無料で座禅体験ができる。
塩山駅から約4km。釈迦堂遺跡博物館から約16km。

雲峰寺

開山より1260年の歴史がある。
戦国時代末期に再建された本堂、他、庫裏、書院、仁王門は重要文化財。
映画監督黒沢明の『影武者』のロケ地。
塩山駅から約9km。釈迦堂遺跡博物館から約20km。

原茂ワイン

ワイン店。店舗兼主屋が登録有形文化財。
塩山駅から約2km。釈迦堂遺跡博物館から約6km。

長野県

茅野市

聖光寺

1970（昭和45）年建立。ゴールデンウィークのころ、「本州で最も遅いソメイヨシノ」が見られる桜の名所。
茅野駅から約15km。茅野市尖石縄文考古館から約8km。

車山神社

車山山頂（標高1925メートル）にある神社。車山高原リフトで傍まで上がれる。ビーナスラインを通っていけるので、道中も景色がきれい。
上諏訪駅から約20km。茅野市尖石縄文考古館から約15km。

無藝荘（小津安二郎記念館）

1957（昭和32）年に映画監督小津安二郎の仕事場に。「無藝荘」と命名される。この地で、小津が亡くなるまでの7年間に6作品が作られた。現在地へは小津生誕100年を記念して移築される。小津作品が上映されている。
茅野駅から約16km。茅野市尖石縄文考古館から約9km。

神長官守矢史料館

鎌倉時代から伝わる守矢文書を保管・公開する。諏訪大社の祭り「御頭祭」の様子を復元・展示している。建築の基本設計は藤森照信。近隣に、同じく藤森設計の三つの茶室（空飛ぶ泥舟、高過庵、低過庵）がある。
茅野駅から約4km。茅野市尖石縄文考古館から約11km。

蓼科高原芸術の森彫刻公園

蓼科湖のすぐそばにある園内に、彫刻の数、約70点。
茅野駅から約16km。茅野市尖石縄文考古館から約9km。

富士見町

入笠山

スズランで知られる初心者向けの山。標高1955m。ゴンドラで上がれば、山頂と二つの山上湿原を3時間程度で回ることができる。
富士見駅から約4km。井戸尻考古館から約12km。

八ヶ岳アルパカ牧場

観光牧場。園内でアルパカダービーを開催。アルパカと散歩もできる。
富士見駅から約3km。井戸尻考古館から約10km。

諏訪市

諏訪大社

諏訪湖の周辺に、上社本宮、上社前宮、下社春宮、下社秋宮と、4箇所の境内地をもつ神社。国内で最も古い神社の一つ。重要文化財多数、他、文化財多数あり。
諏訪湖を中心に半径約15km圏内に各社あり。

高島城

天守・門・櫓などは、1970（昭和45）年の復元。城内は公園になっている。
上諏訪駅から約2km。諏訪市博物館から約7km。

片倉館

1928年（昭和3年）竣工、片倉財閥による厚生施設。重要文化財。当時から残る食堂で食事ができる。また、昭和初期の面影を残す「千人風呂」（天然温泉大浴場）にも入浴できる。
上諏訪駅から約500m。諏訪市博物館から約8km。

サンリツ服部美術館

東洋の古美術を中心に600点あまりの作品を収蔵。国宝《白楽茶碗》など、文化財を多数所蔵。
上諏訪駅から約2km。諏訪市博物館から約8km。

北澤美術館

エミール・ガレやルネ・ラリックなど、アール・ヌーヴォー、アール・デコのガラス工芸を中心に収集・展示。
上諏訪駅から約2km。諏訪市博物館から約8km。

原村

小さな絵本美術館・八ヶ岳館

絵本作家さとうわきこが創設した絵本の美術館。現在活躍中の画家をはじめ、物故作家の作品を企画・展示。
茅野駅から約10km。茅野市尖石縄文考古館から約7km。

八ヶ岳農場直売所

八ヶ岳中央農業実践大学校の直営販売店。乳製品、有精卵など、牧場の生産品を販売。食堂もある。
茅野駅から約11km。茅野市尖石縄文考古館から約9km。

伊那市

遠照寺

「高遠のぼたん寺」として知られる。釈迦堂と堂内の多宝塔が重要文化財。庭が市の名勝に指定されている。
伊那市駅から約18km。伊那市創造館から約18km。

熱田神社

「伊那日光」と呼ばれる本殿が重要文化財。
伊那市駅から約16km。伊那市創造館から約16km。

伊那部宿旧井澤家住宅

伊那市指定文化財。天保年間、2回の大火に遭った伊那街道伊那部宿の宿場全戸のなかで、ただ一軒だけ類焼をまぬがれた住宅。
伊那市駅から約2km。伊那市創造館から約600m。

岡谷市

旧渡辺家住宅

創築18世紀中頃（19世紀中頃に改築）の武家住宅。関係資料が展示されている。長野県宝。
岡谷駅から約4km。市立岡谷美術考古館から約4km。

旧林家住宅

明治30年代に建てられ、1907（明治40）年に完成。日本の製糸業発展の基を築いた林国蔵の旧住宅。重要文化財・近代化産業遺産。
岡谷駅から約300m。市立岡谷美術考古館から約700m。

イルフ童画館

童画家、武井武雄の作品などをコレクション。
岡谷駅から約700m。市立岡谷美術考古館から約200m。

岡谷蚕糸博物館
シルクファクトおかや

製糸工場を併設する、世界でもめずらしい技術博物館。製糸機械類を江戸から昭和にかけて時代をたどり展示。
岡谷駅から約2km。市立岡谷美術考古館から約2km。

箕輪町

無量寺

創建1224（元仁元）年と伝えられている。重要文化財《木造阿弥陀如来坐像》、他、長野県宝、文化財を多数所蔵。
羽場駅から約3km。箕輪町郷土博物館から約7km。

もみじ湖（みのわダム）

紅葉の名所として知られるダム。
沢駅から約6km。箕輪町郷土博物館から約7km。

御代田町

真楽寺

聖徳太子や源頼朝が参拝したと伝わる。日本一大きい子育て地蔵（高さ20m）あり。三重塔は長野県宝。
御代田駅から約5km。浅間縄文ミュージアムから約4km。

龍神まつり

諏訪湖にゆかりのある「甲賀三郎龍伝説」に基づく祭り。

毎年7月最終土曜日に真楽寺、御代田駅前広場、龍神の杜公園で開催。

朝日村

光輪寺薬師堂

長野県宝。本尊の《薬師如来坐像》は村指定文化財。

塩尻駅から約8km。朝日美術館・朝日村歴史民俗資料館から約3km。

古川寺

開基は1096年ごろ（永長年間）。厄除け観音として知られる。晴天の日には山門前から八ヶ岳を遠望できる。

塩尻駅から約11km。朝日美術館・朝日村歴史民俗資料館から約2km。

大桑村

阿寺渓谷

ハイキングコース、キャンプ場もあり。エメラルドグリーンの清流で有名。

野尻駅から約1.5km。大桑村歴史民俗資料館から約8km。

定勝寺

創建1387年ごろ（嘉慶年間）。木曽三大寺の一つ。山門、本堂、庫裏が重要文化財。日本最古の蕎麦に関する文書が見つかっている。

須原駅から約700m。大桑村歴史民俗資料館から約7km。

長和町

おたや祭り

古町豊受大神宮の例祭。毎年1月14日の夕方から15日の昼頃まで開催。山車が奉納される。無形民俗文化財。

中込駅から約26km。長和町の原始・古代ロマン体験館から約7km。

大門稲荷神社

秋の例大祭に奉納相撲の風習が残る稲荷神社。境内にある土俵で江戸時代の力士・雷電為右衛門が四股を踏んだといわれている。

下諏訪駅から約33km。長和町の原始・古代ロマン体験館から約3km。

千曲市

智識寺

創建740（天平12）年と伝えられる古刹。「あじさい寺」として知られている。大御堂、《木造十一面観音立像》（本尊）が重要文化財、他、文化財を多数所蔵。

戸倉駅から約4km。長野県立歴史館から約12km。

蔵元坂井銘醸

歴史ある酒蔵。加舎白雄館、夢二絵画館、酒造資料室、北国街道歴史資料室の四つの資料室を併設。カフェもあり、酒を販売、蕎麦も食べることができる。他、陶芸体験などもできる。

戸倉駅前。長野県立歴史館から約8km。

あとがき

塚本レイ子

現在多くの人々が憂慮している問題点につき、3点を提示いたします。
1. 気候変動による自然災害
2. 人間の争いと暴力
3. 産業革命以後、技術開発による利便性、その表と裏

さて、中部高地から数多く発掘されました縄文中期の甕<small>（かめ）</small>・壺・土偶などを初めて知り、その素晴らしさに感動したのが15年くらい前です。私の師である三輪嘉六氏が、これらについて長年詳しく教えて下さっております。そのなかで当時の縄文人の社会生活を知り、現在憂慮している問題を解決するヒントを見つけたいと思いこの本を企画しました。

考古学関係の学芸員の方々、この本に執筆されている方々、銀座一穂堂の青野惠子さんの協力により、この本が出来上がりました。私の集大成の本になります。

掲載されている素晴らしい出土品は、縄文の人々が自然と共生しながら営んだ生活のなかから生まれた芸術品だと思います。この写真集を見ていただき、日本の伝統文化の出発期が、既に5000年前に存在していたことを皆さまに発見していただきたいと思います。

求龍堂 編集長清水恭子さん、スタッフの皆さんに心より感謝します。ありがとう。

（つかもと・れいこ　株式会社塩崎ビル取締役会長、株式会社ルミエール取締役会長）

2022年9月吉日

謝 辞

本書の刊行に際し、関係各機関ならびに関係者の方々に多大なるご協力をいただきました。
ここに記し深く感謝の意を表します。(順不同・敬称略)

山梨県　　長野県

後 援
国立大学法人山梨大学

協 力
九州国立博物館
東京国立博物館
DNP アートコミュニケーションズ
山梨県埋蔵文化財センター

青野惠子
青柳正規
一瀬一浩
植月学
小野正文
櫛原織江
櫛原功一
小松隆史
Simon Kaner
長澤宏昌
Mihael Budja
三輪嘉六
八巻與志夫

関係諸機関の皆さま

(山梨県)
春日居郷土館・小川正子記念館
甲州市教育委員会
甲府市教育委員会
釈迦堂遺跡博物館
韮崎市教育委員会
韮崎市民俗資料館
笛吹市教育委員会
北杜市教育委員会
北杜市考古資料館
南アルプス市教育委員会
南アルプス市ふるさと文化伝承館
山梨県立考古博物館
山梨県立博物館

(長野県)
朝日美術館・朝日村歴史民俗資料館
朝日村
浅間縄文ミュージアム
安曇野市穂高郷土資料館
安曇野市教育委員会
井戸尻考古館
伊那市教育委員会
伊那市創造館
大桑村教育委員会
大桑村歴史民俗資料館
黒耀石体験ミュージアム
塩尻市立平出博物館
市立岡谷美術考古館
諏訪市博物館
茅野市尖石縄文考古館
長野県立歴史館
長和町
長谷公民館
原村歴史民俗資料館 (八ヶ岳美術館)
原村教育委員会
富士見町教育委員会
箕輪町教育委員会
箕輪町郷土博物館
御代田町教育委員会

撮影クレジット

※記載以外の写真は各施設からご提供いただきました。

撮影協力：銀座一穂堂

土器・土偶撮影：山口佳那子
p.1、p.9、p.12-15、p.24、p.27-p.55、p.57 (土偶展示)、p.58-p.70 (前期土偶)、p.73-p.75、p.77、p.80-p.85、p.87-97、p.99-101、p.103、p.106-p.119、p.122-137、p.139-143、p.145-147、p.149、p.151、p.153-155、p.157、p.159、p.162-163、p.165、p.166(右下写真)、p.167-168、p.170-171、p.173、p.175、p.177-179、p.185

外観・展示空間撮影：藤井重雄
p.2-3、p.16、p.26、p.57 (外観・土偶展示以外)、p.72、p.76 (外観写真)、p.79、p.86 (外観・展示コーナー)、p.98、p.102、p.105、p.121、p.138、p.144 (外観、屋外)、p.148 (収蔵空間)、p.150 (瓦塔写真以外)、p.152、p.156 (地質展示室以外)、p.158 (外観・資料室入口)、p.161、p.164、p.166、p.169、p.172 (外観・ピンバッチ以外)、p.174、p.176、pp.180-181

縄文アートを旅しよう！

日本遺産 星降る中部高地の縄文世界
山梨県・長野県

発行日　2022 年 10 月 3 日

企画

塚本レイ子
（株式会社塩崎ビル取締役会長、株式会社ルミエール取締役会長）

監修

三輪嘉六（前九州国立博物館 館長）

編集委員

小野正文（元山梨県埋蔵文化財センター 所長）

長澤宏昌（前縄文王国山梨実行委員会 会長）

小松隆史（井戸尻考古館 館長、長野県富士見町教育委員会）

櫛原功一（公益財団法人山梨文化財研究所 研究員）

一瀬一浩（釈迦堂遺跡博物館 学芸員）

執筆（五十音順）

青柳正規（多摩美術大学 理事長、山梨県立美術館 館長、
　　　　　元文化庁 長官）

一瀬一浩（釈迦堂遺跡博物館 学芸員）

太田光春（黒耀石体験ミュージアム 学芸員）

小野正文（元山梨県埋蔵文化財センター 所長）

櫛原織江（株式会社富士ジネンテックファーム）

小松隆史（井戸尻考古館 館長、長野県富士見町教育委員会）

Siomon Kaner（セインズベリー日本藝術研究所 所長）

長澤宏昌（前縄文王国山梨実行委員会 会長）

Mihael Budja（リュブリャナ大学芸術学部考古学科 教授）

三輪嘉六（前九州国立博物館 館長）

所蔵館及び所蔵品解説

各考古資料館 学芸員

小野正文（Jomon 山梨内 No.39, 51, 53）

発行

株式会社塩崎ビル
代表取締役社長　木田茂樹

発売

株式会社求龍堂
代表取締役社長　足立欣也
〒102-0094 東京都千代田区紀尾井町 3-23 文藝春秋新館 1 階
電話　03-3239-3381（営業）
　　　03-3239-3382（編集）
https://www.kyuryudo.co.jp

印刷・製本

株式会社シナノパブリッシングプレス

翻訳

植月学（帝京大学文化財研究所 准教授）

櫛原功一（公益財団法人山梨文化財研究所 研究員）

撮影

銀座一穂堂
　山口佳那子
　藤井重雄
　田中紗彩（撮影スタッフ）

イラスト

ダイモンナオ（観音頁内）

ヒダカマコト（キャラクター）

データ地図作成

小野寺史

装幀・デザイン

市川慎也

編集

清水恭子、和田寧路（求龍堂）

プリンティングディレクション

中塚康（求龍堂）